褚遂良楷書集字春聯

经典碑帖实用集字春联

罗锡清/编著

浙江人民美术出版社

前言

春节是我国农历年中第一个也是最重要的一个传统节日，王安石在《元日》一诗中描绘了宋人过春节时的情景：『爆竹声中一岁除，春风送暖入屠苏。千门万户曈曈日，总把新桃换旧符。』其中桃符就是春联最初的形态。而今，鲜艳的红纸代替了桃木板，吉祥的联语代替了神像，其寓意也由驱邪避灾转变为平安祈福。春联承载着人们对新的一年的期待与祝愿：生活美满、福寿安康。

春联运用汉语文字字形方正这一独一无二的特点和词组精练、结构优美、音节分明等特征，在左右对称且具有阴阳协调的艺术审美观的原则下，有着区别于其他的文学种类的独特形式，比诗、词、赋更精练，更具欣赏性，这也是春联在我国历久不衰、为各个阶层的广大民众所喜爱的缘故。

21世纪的今天，我们过春节仍少不了以春联的形式表达对美好生活的祈愿。选择春联，除了考虑位置、内容、对象等因素，要想张贴的春联使人人看后都皆大欢喜或者拍手称赞，还需要做到以下几点：

春联的大小应与张贴场合相适宜。一般来说，家庭对联以选用七言联、八言联、九言联为佳，而机关、单位、学校等大门处张贴对联则宜选用十言以上、二十言以下的行业专用对联。应使字的大小排列和门的大小相宜，避免头重脚轻之感。

春联的内容应与张贴对象相适宜。春联用于人们欢庆春节，用词选句要明亮欢快，表达内容要健康向上、雅而不俗，这是最基本的。然后，于不同情景下，春联的内容要有不同的考虑，如送给年长的长辈要表达出长命百岁、福寿安康的祝愿之情；对于经商、创业的年轻人，可以表达出财源广进、人勤春好的祝愿之情；对于新婚的夫妇，用联应以祝贺新婚夫妇团结互助、携手前行为主要内容。

横批与上下联应相适宜。横批，是贴在上下联中间的上方位置的横联，一般四个字，具有总结或补充对联的作用，能使对联的意境更加深远。因此横批一定要与上下联紧密联系，浑然一体，不能随意为之。

春联的张贴方法，按照传统读法，直书是从左往右读的，所以对联的张贴可以遵照这样的基本口诀：『人朝门立，右手为上，左手为下。』即出句应贴在右手边，对句应贴在左手边。至于出句和对句的辨别，最简单的方法是记下『上仄下平』。在汉字的四种声调中，『一声』『二声』为平声，『三声』『四声』为仄声，若对联某句的末字为『三声』或『四声』，则词句为出句，另一句便是对句；若对联末字均为仄声，则要从对联的内容和语气上进行分辨。

『经典碑帖实用集字春联丛书』为书法爱好者提供了不同书体的春联范本，读者直接临摹即可张贴。还有各类文辞优美的春联文字，可供书写者创作借鉴之用。此外，本书还有以下特点：

一、内容上切时应景，且涵盖面宽，实用性强。本书收有迎新春联、生肖春联、爱国春联、文化春联、福寿春联、新婚春联、乔迁春联，充分考虑到使用者的职业、身份、年龄，使用的场合，欣赏者的兴趣和爱好等等，力求做到张贴的春联让人满意与欢喜。

二、春联中横批与上下联紧密搭配，浑然一体。如上下联是『爱国丹心昭日月，兴邦壮志起风雷』，横批则是『众志成城』；再如上下联是『家添财富人添寿，春满田园福满门』，横批则是『人寿年丰』。

三、本书在设计、编排等各方面力求典雅大方、做工严谨。书中集联用字基本出自历代书法经典名家名作，对于对联里需要而原作品中没有的字，用偏旁部首拼凑而成，力争贴近原作，因字源所限，书中尚存不足，还望读者批评指正。

希望本系列丛书能为读者朋友在迎春挥毫之际增添雅兴，同时为中国传统的春节文化添一抹浓重的『中国红』。

己亥春月　罗锡清书于杭州

目录

一、喜迎新春篇

二、生肖春联篇

三、国泰民安篇

四、恭喜发财篇

五、诗意雅趣篇

六、福寿安康篇

家業興旺

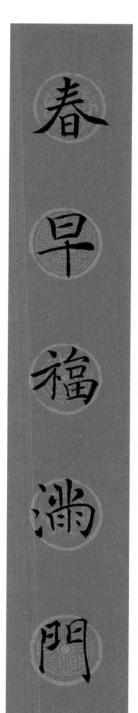

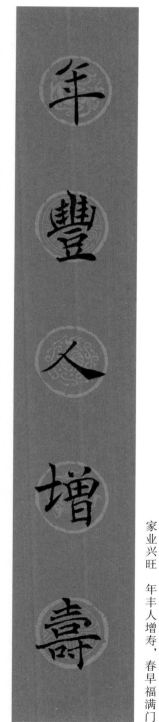

年豐人增壽

春早福滿門

家业兴旺　年丰人增寿，春早福满门

安居樂業

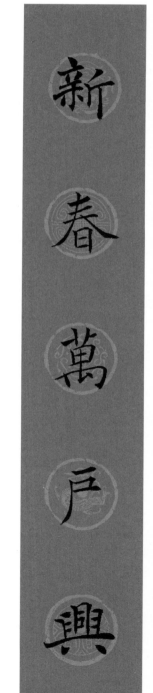

盛世千家樂

新春萬戶興

安居乐业　盛世千家乐，新春万户兴

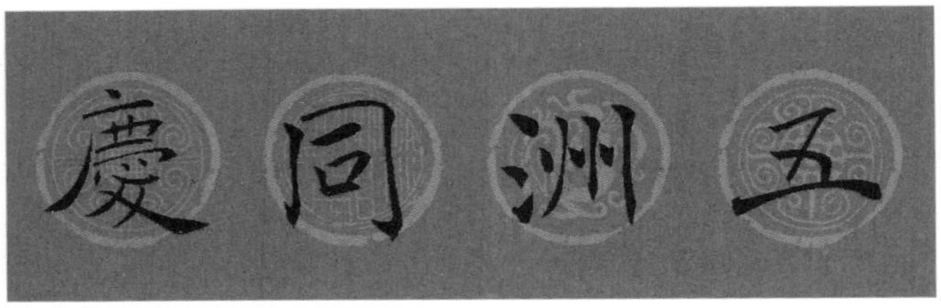

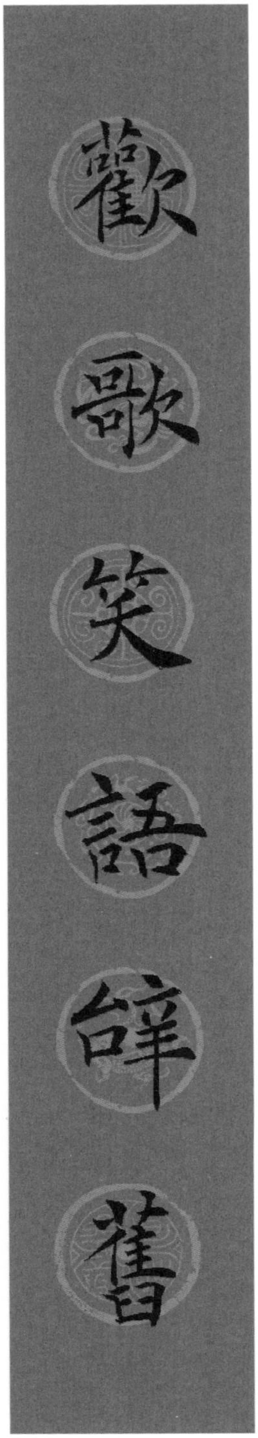

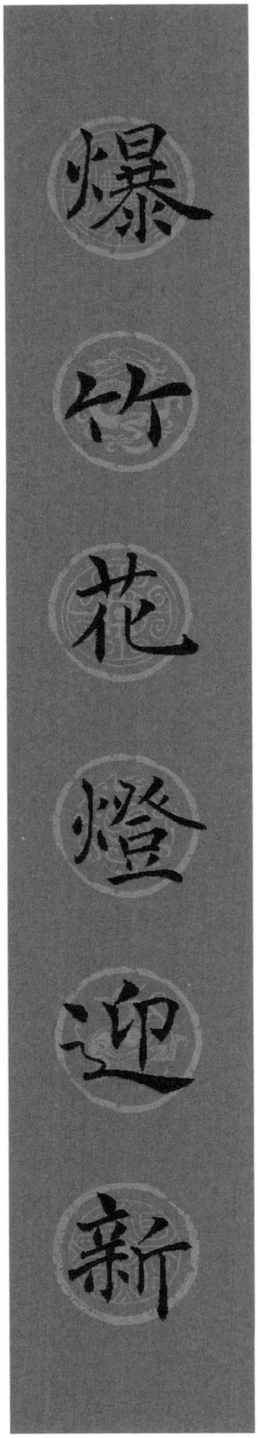

五洲同庆　欢歌笑语辞旧，爆竹花灯迎新

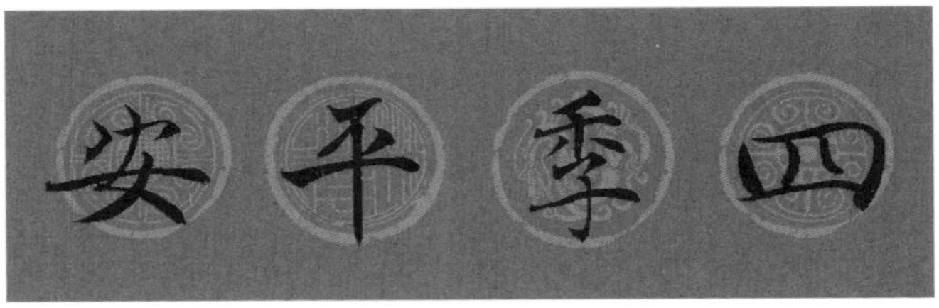

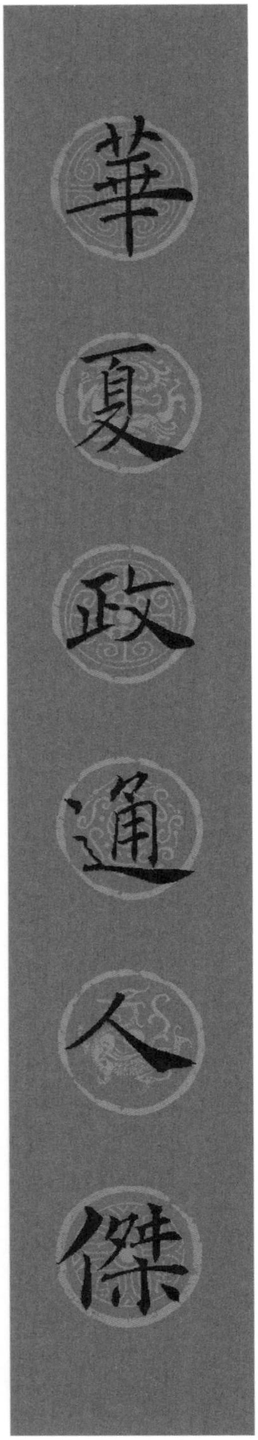

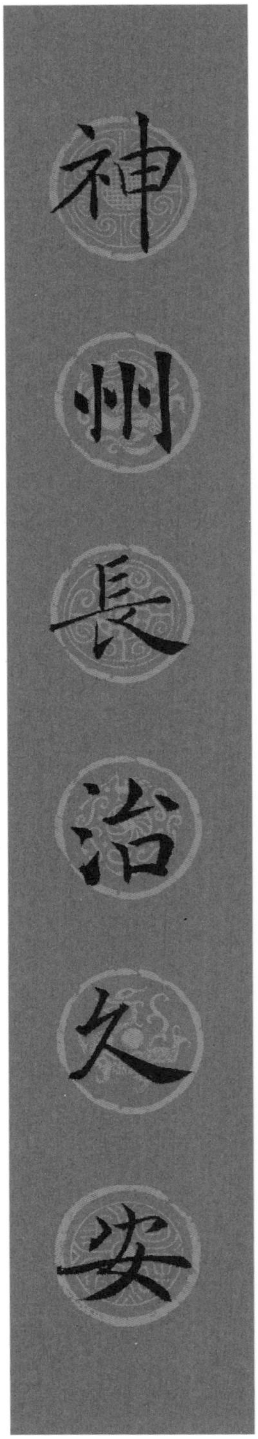

四季平安　华夏政通人杰，神州长治久安

新年快樂

大地歌喚彩雲

滿園春關不住

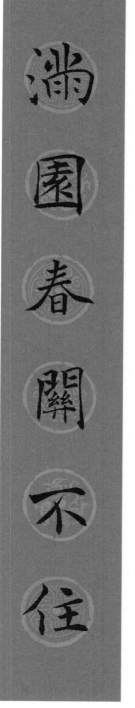

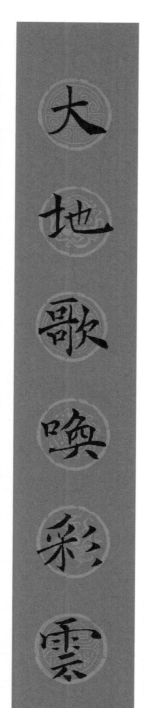

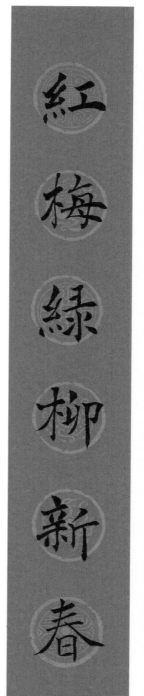

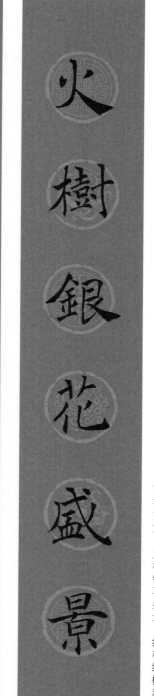

新年快乐　大地歌唤彩云，满园春关不住

吉祥如意

火樹銀花盛景

紅梅綠柳新春

吉祥如意　火树银花盛景，红梅绿柳新春

春意盎然

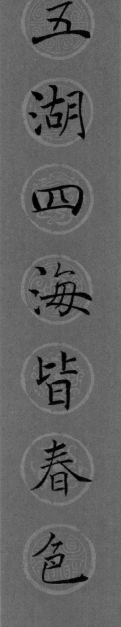

五湖四海皆春色

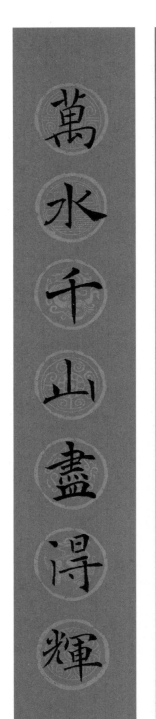

萬水千山盡得輝

春意盎然　五湖四海皆春色，万水千山尽得辉

家庭和睦

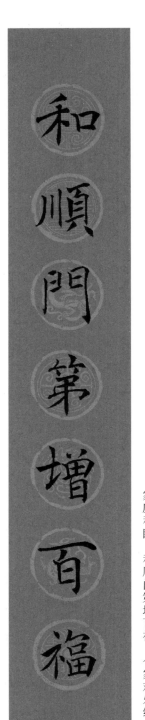

和順門第增百福

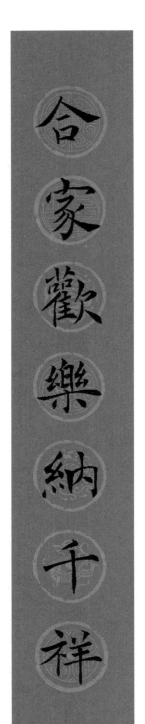

合家歡樂納千祥

家庭和睦　和顺门第增百福，合家欢乐纳千祥

萬事如意

吉星永照平安宅

五福常臨積善家

万事如意　吉星永照平安宅，五福常临积善家

春意盎然

春臨華堂繁花艷

福到門庭喜氣盈

春意盎然　春临华堂繁花艳，福到门庭喜气盈

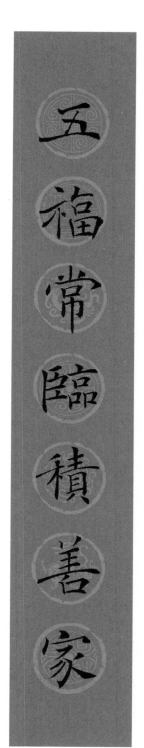

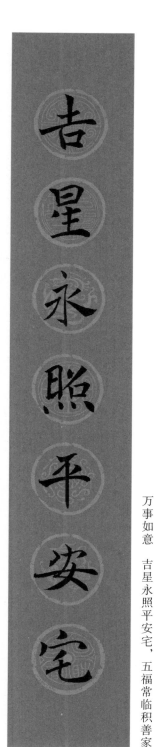

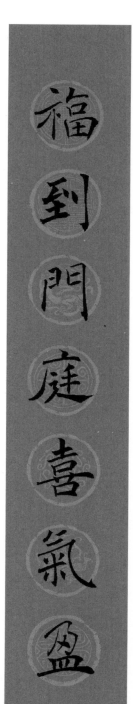

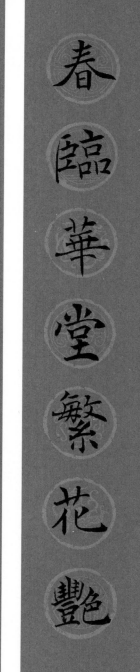

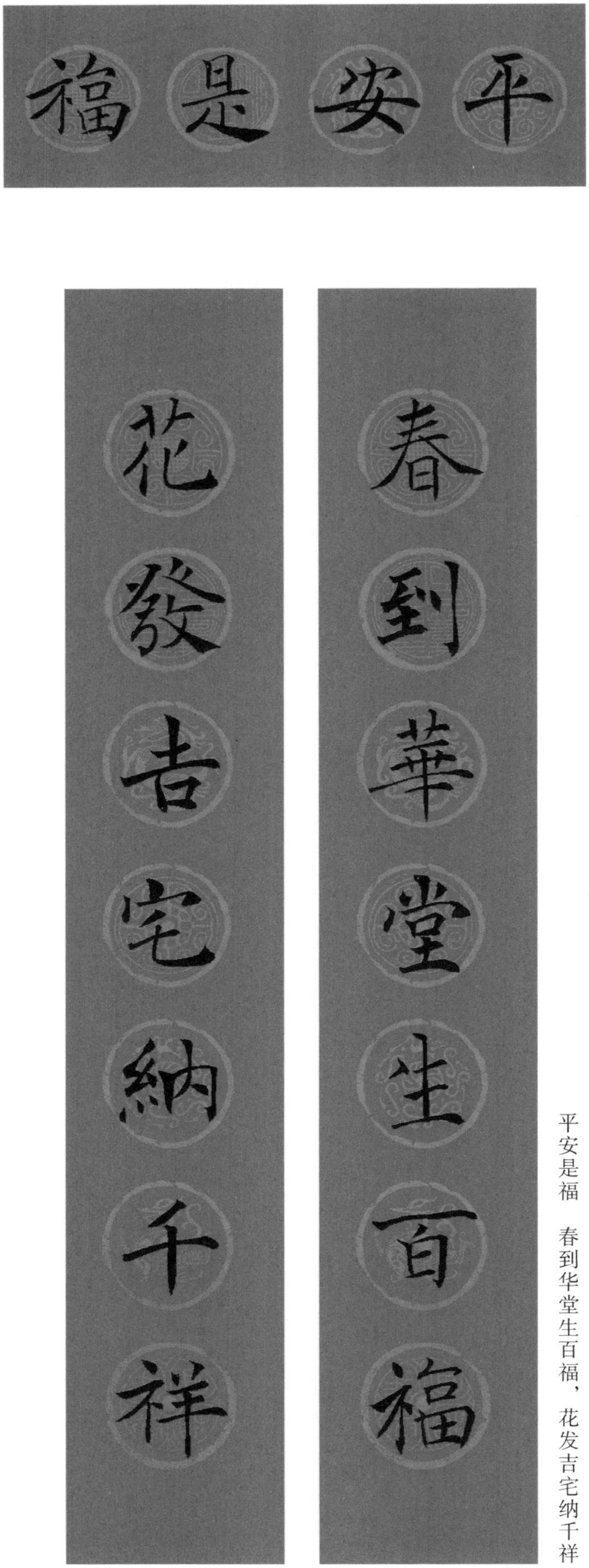

平安是福　春到华堂生百福，花发吉宅纳千祥

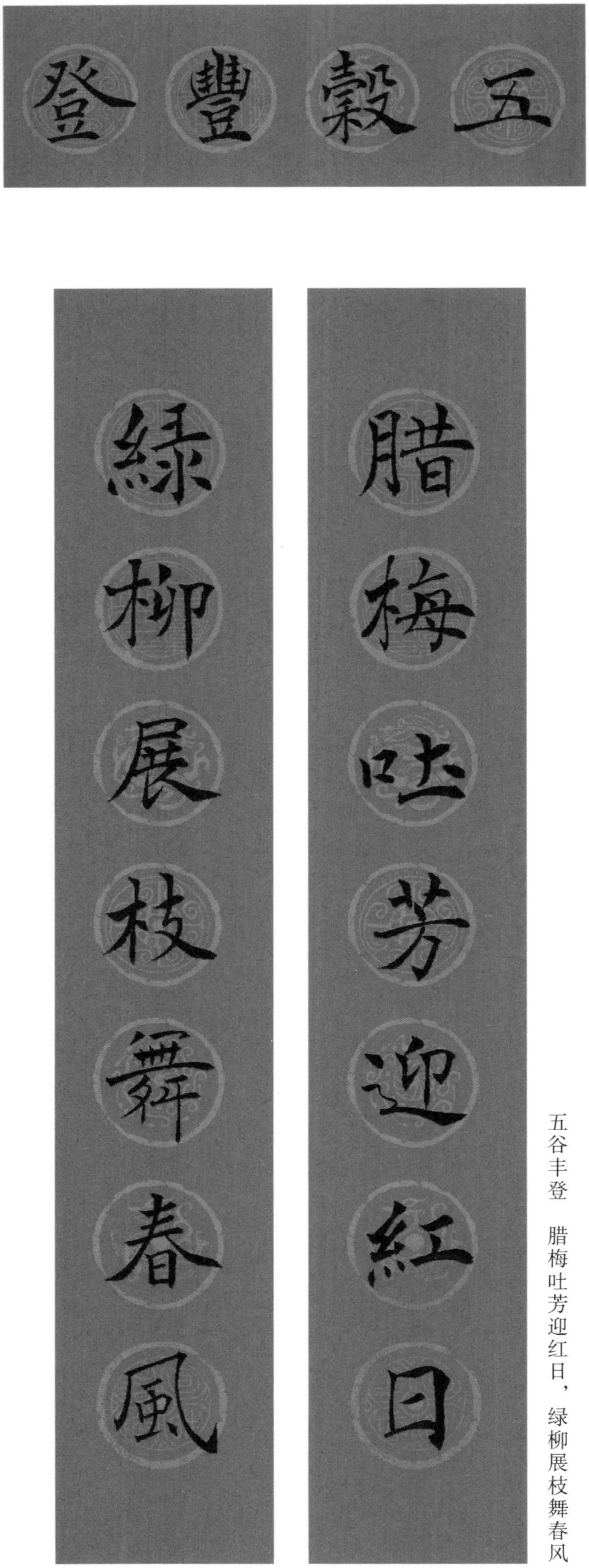

五谷丰登　腊梅吐芳迎红日，绿柳展枝舞春风

國泰民安

大地流金萬事通

冬去春来萬象新

国泰民安　大地流金万事通，冬去春来万象新

花好月圓

門盈喜氣喜盈門

屋滿春風春滿屋

花好月圆　门盈喜气喜盈门，屋满春风春满屋

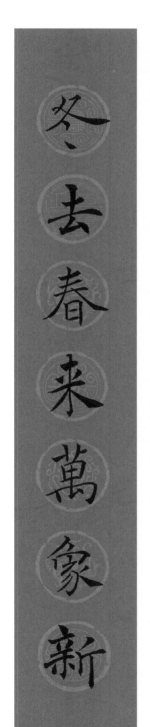

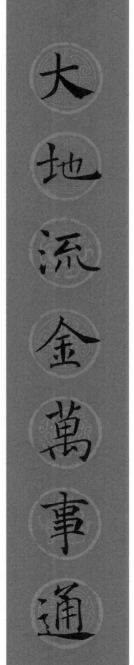

四季如春

歲歲迎春年年如意

家家納福事事吉祥

四季如春　岁岁迎春年年如意，家家纳福事事吉祥

普天同慶

春滿人間歡歌陣陣

福臨門第喜氣洋洋

普天同庆　春满人间欢歌阵阵，福临门第喜气洋洋

春回大地

望天宇八方清似玉

喜人間四季暖如春

春回大地　望天宇八方清似玉，喜人间四季暖如春

神州春濃

雲獻吉祥星連福壽

花開富貴竹報平安

神州春浓　云献吉祥星连福寿，花开富贵竹报平安

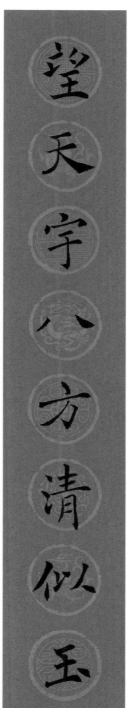

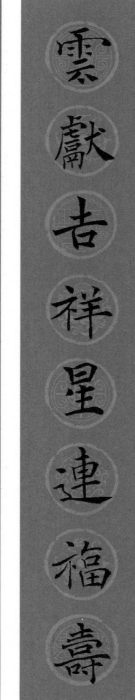

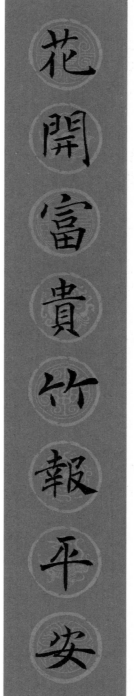

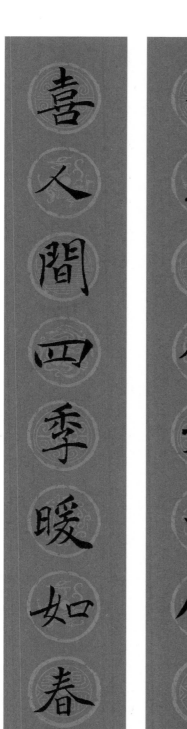

時和歲好

春色明媚山河披錦綉

華夏騰飛祖國萬年青

时和岁好　春色明媚山河披锦绣，华夏腾飞祖国万年青

一門五福

爆竹萬千聲人間換歲

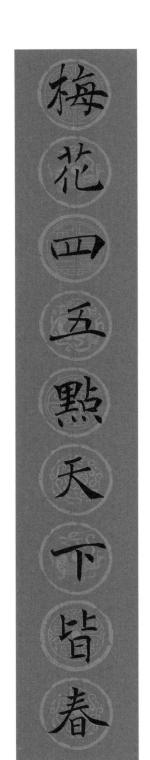

梅花四五點天下皆春

一门五福　爆竹万千声人间换岁，梅花四五点天下皆春

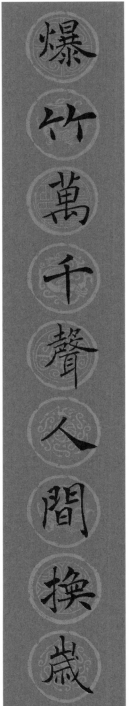

牛氣冲天

牛舞豐收歲

鳥鳴幸福春

牛气冲天　牛舞丰收岁，鸟鸣幸福春

辛丑大吉

金牛奔盛世

紫燕舞新春

辛丑大吉　金牛奔盛世，紫燕舞新春

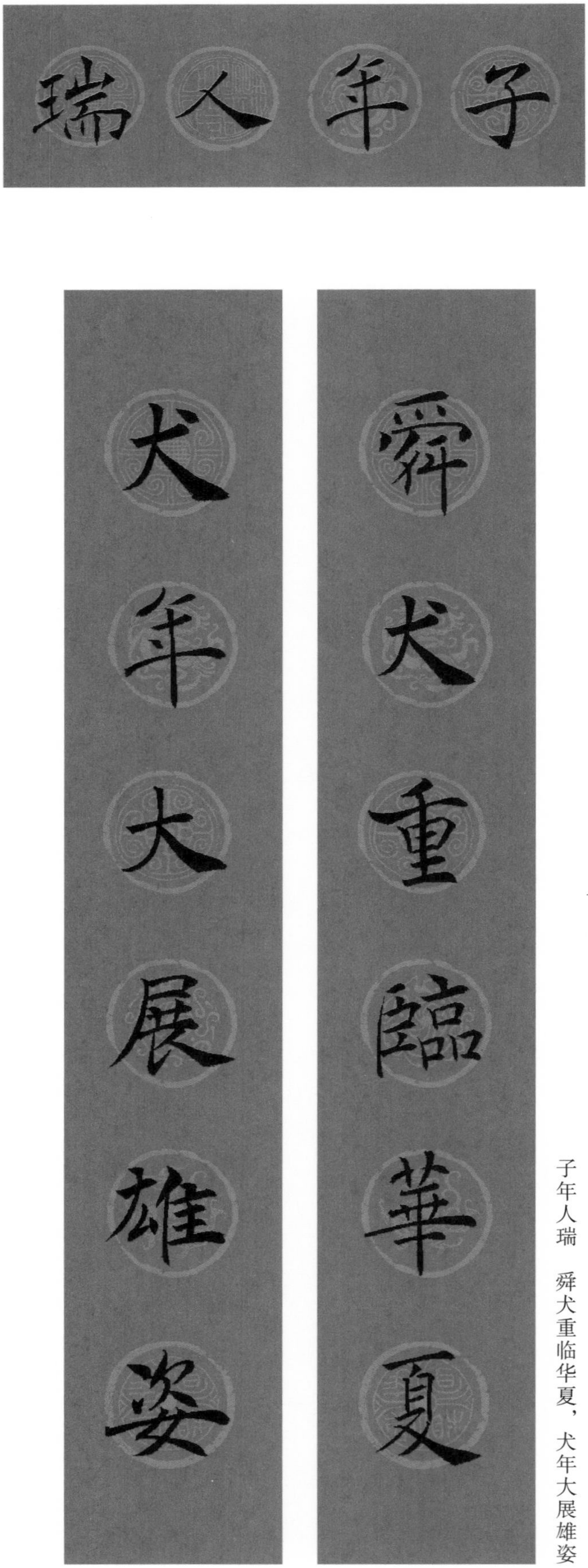

子年人瑞　舜犬重临华夏，犬年大展雄姿

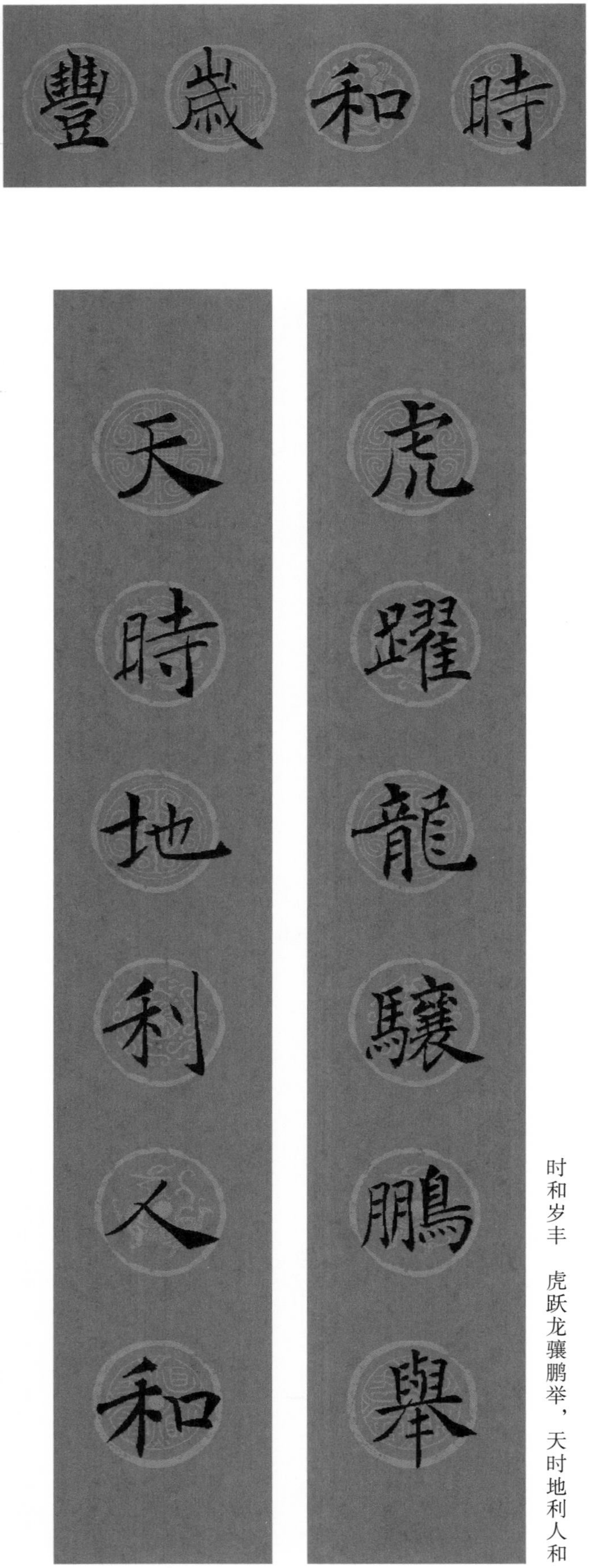

时和岁丰　虎跃龙骧鹏举，天时地利人和

春光萬里

馬歲家家如意

羊年事事吉祥

春光万里　马岁家家如意，羊年事事吉祥

龍騰虎躍

千古龍蟠虎踞

三春燕舞鶯歌

龙腾虎跃　千古龙蟠虎踞，三春燕舞莺歌

牛氣沖天

牛年喜奏豐年樂

人世笑迎盛世春

牛气冲天　牛年喜奏丰年乐，人世笑迎盛世春

辛丑大吉

綠柳搖風燕織錦

紅桃沐雨牛耕春

辛丑大吉　绿柳摇风燕织锦，红桃沐雨牛耕春

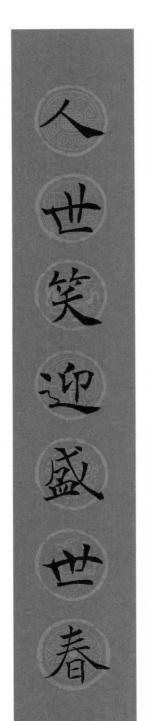

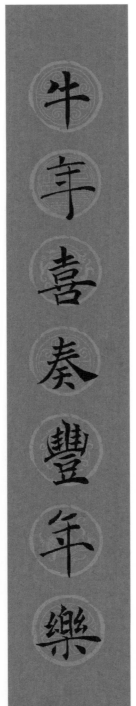

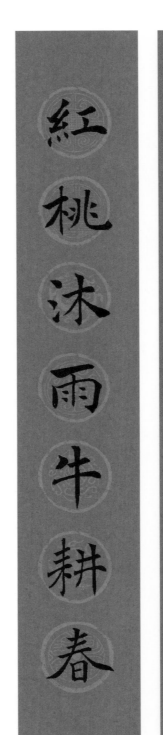

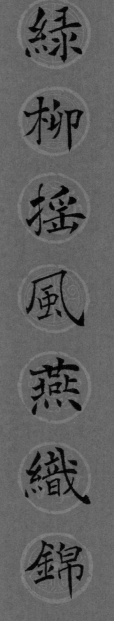

生龍活虎

八方祥瑞虎威遠

萬里清輝兔魄圓

生龙活虎　八方祥瑞虎威远，万里清辉兔魄圆

萬物崢嶸

龍翔華夏迎新歲

氣搏雲天奮犬年

万物峥嵘　龙翔华夏迎新岁，气搏云天奋犬年

滿門飛彩

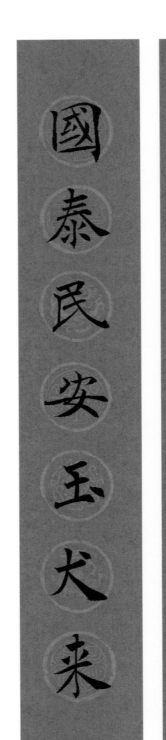

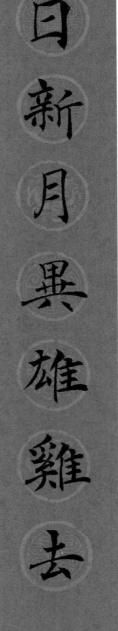

日新月異雄雞去

國泰民安玉犬來

满门飞彩　日新月异雄鸡去，国泰民安玉犬来

辭舊迎新

乾坤日月祥光照

龍虎風雲瑞氣生

辞旧迎新　乾坤日月祥光照，龙虎风云瑞气生

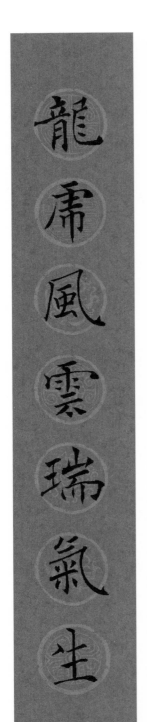

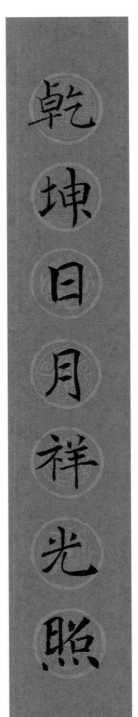

氣壯山河

千家福氣金龍降

萬里春光紫燕銜

气壮山河　千家福气金龙降，万里春光紫燕衔

春色滿園

玉兔報春田野綠

金雞唱曉艷陽紅

春色满园　玉兔报春田野绿，金鸡唱晓艳阳红

萬象更新

金猪獻禮家家順利

喜鵲鬧春事事吉祥

万象更新　金猪献礼家家顺利，喜鹊闹春事事吉祥

五福臨門

金牛回春大地聚秀

紅日放彩滿門增輝

五福临门　金牛回春大地聚秀，红日放彩满门增辉

春意盎然

福鹿吉羊三元開泰

堯天舜日萬象更新

春意盎然　福鹿吉羊三元开泰，尧天舜日万象更新

春光明媚

碧草白羊三春圖畫

金戈鐵馬萬里征途

春光明媚　碧草白羊三春图画，金戈铁马万里征途

吉慶有餘

鼠去牛來一元欣復始

春明日麗萬象喜更新

吉庆有余　鼠去牛来一元欣复始，春明日丽万象喜更新

金雞獻瑞

龍舞秋雲織中華錦繡

雞啼春曉頌大業騰飛

金鸡献瑞　龙舞秋云织中华锦绣，鸡啼春晓颂大业腾飞

春回大地

四時多吉慶

八節永平安

春回大地　四时多吉庆，八节永平安

日暖人間

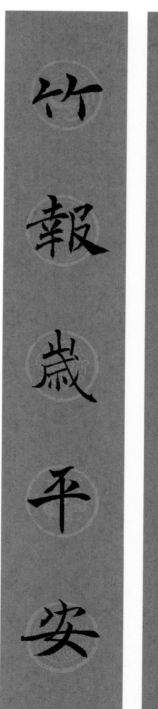

花開春富貴

竹報歲平安

日暖人间　花开春富贵，竹报岁平安

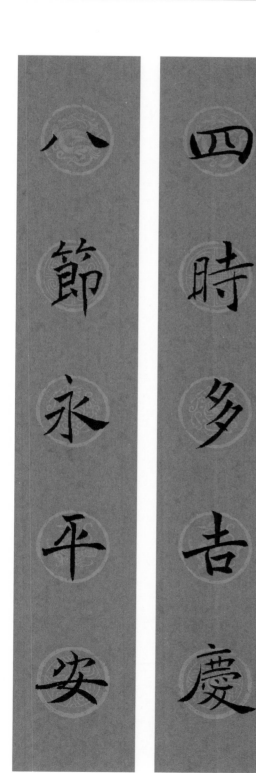

國泰民安

福日九州共樂

新年四海同春

国泰民安　福日九州共乐，新年四海同春

人傑地靈

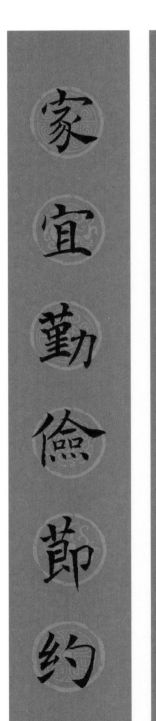

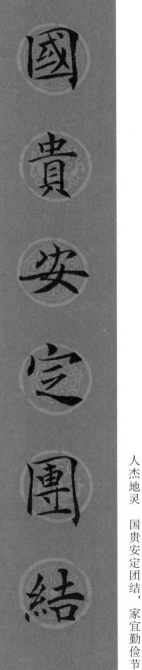

國貴安定團結

家宜勤儉節約

人杰地灵　国贵安定团结，家宜勤俭节约

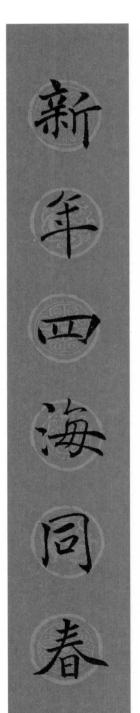

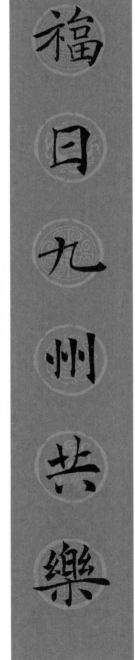

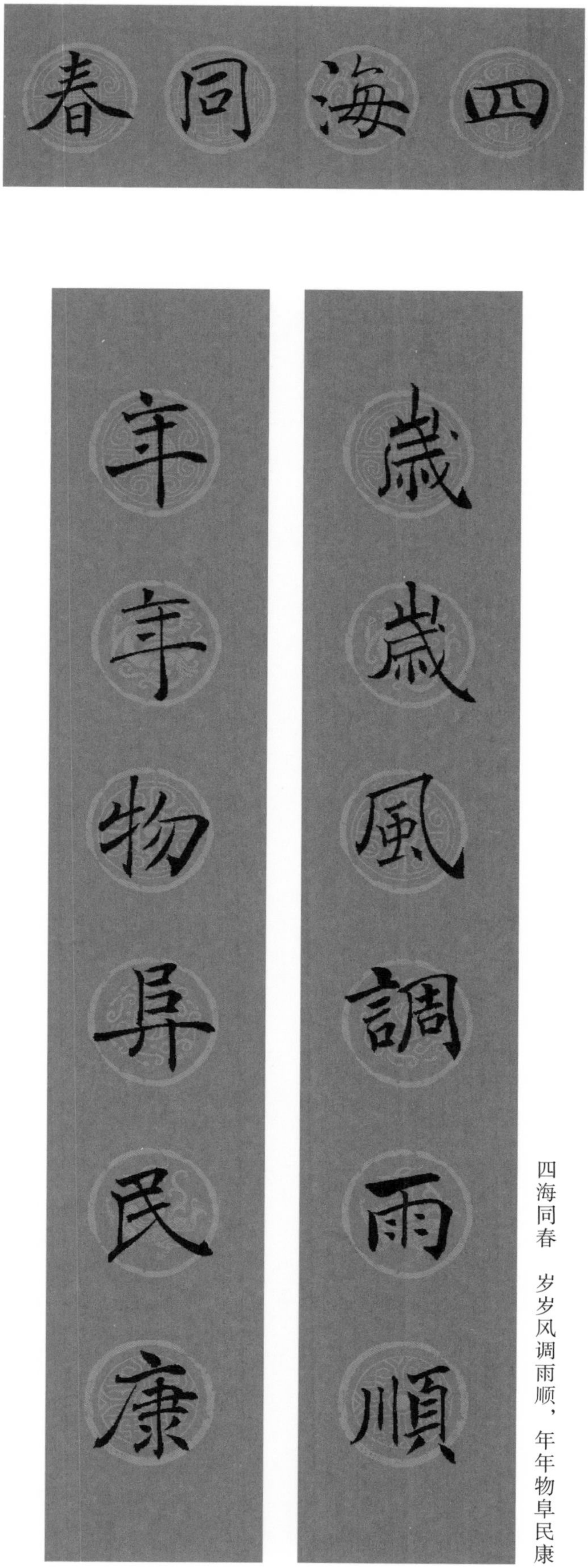

四海同春　岁岁风调雨顺，年年物阜民康

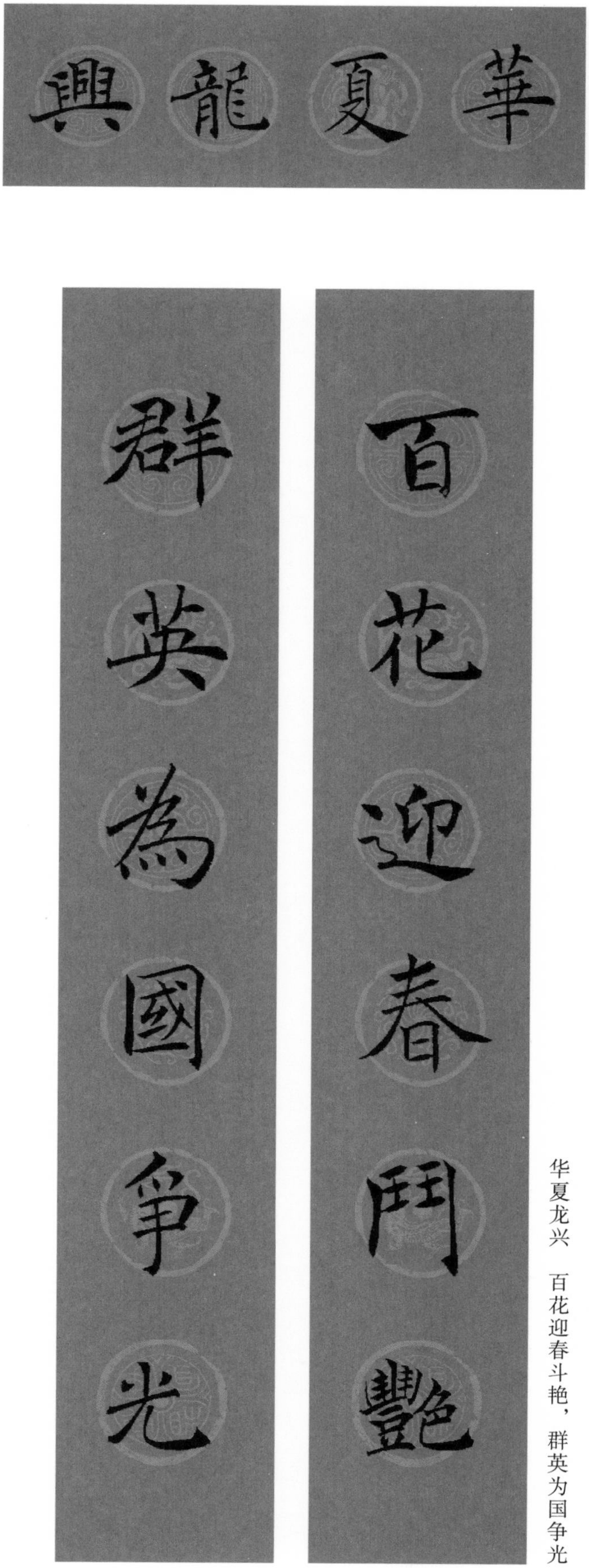

华夏龙兴　百花迎春斗艳，群英为国争光

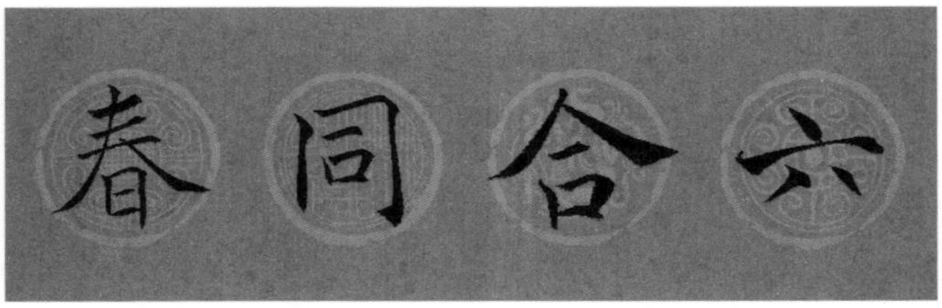

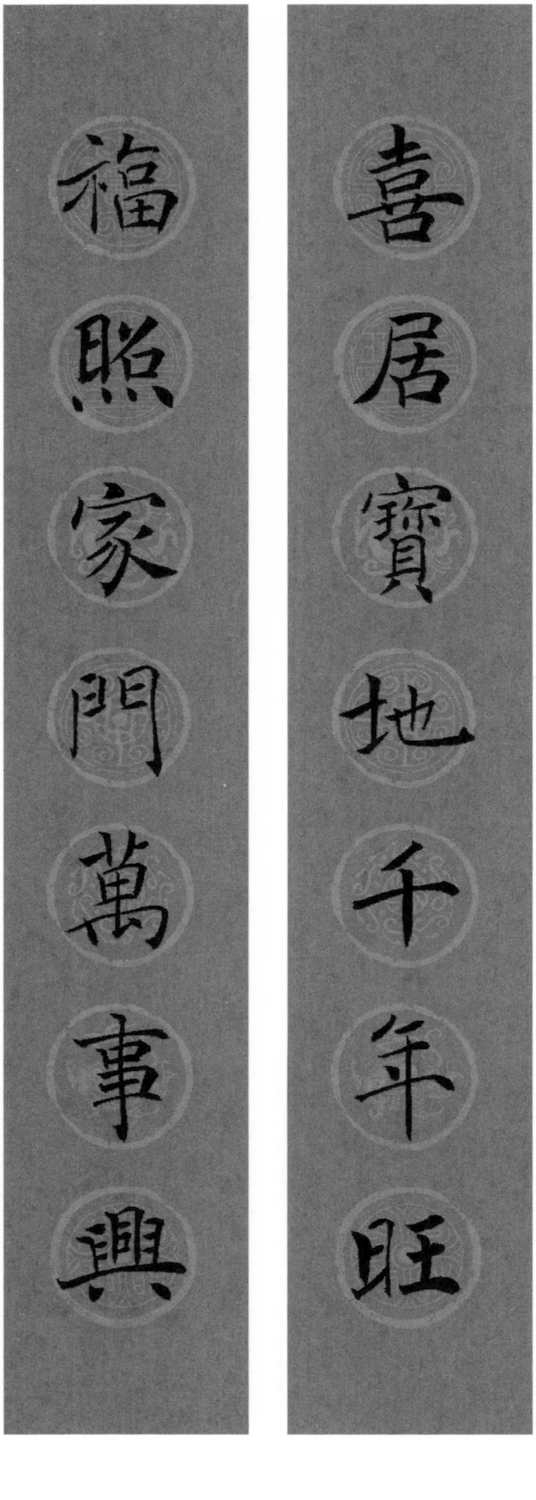

六合同春　喜居宝地千年旺，福照家门万事兴

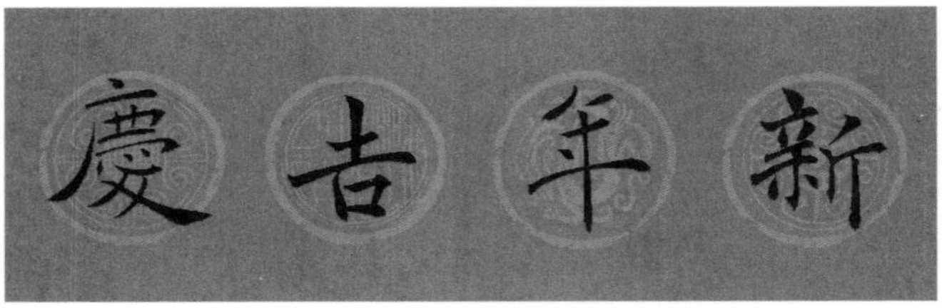

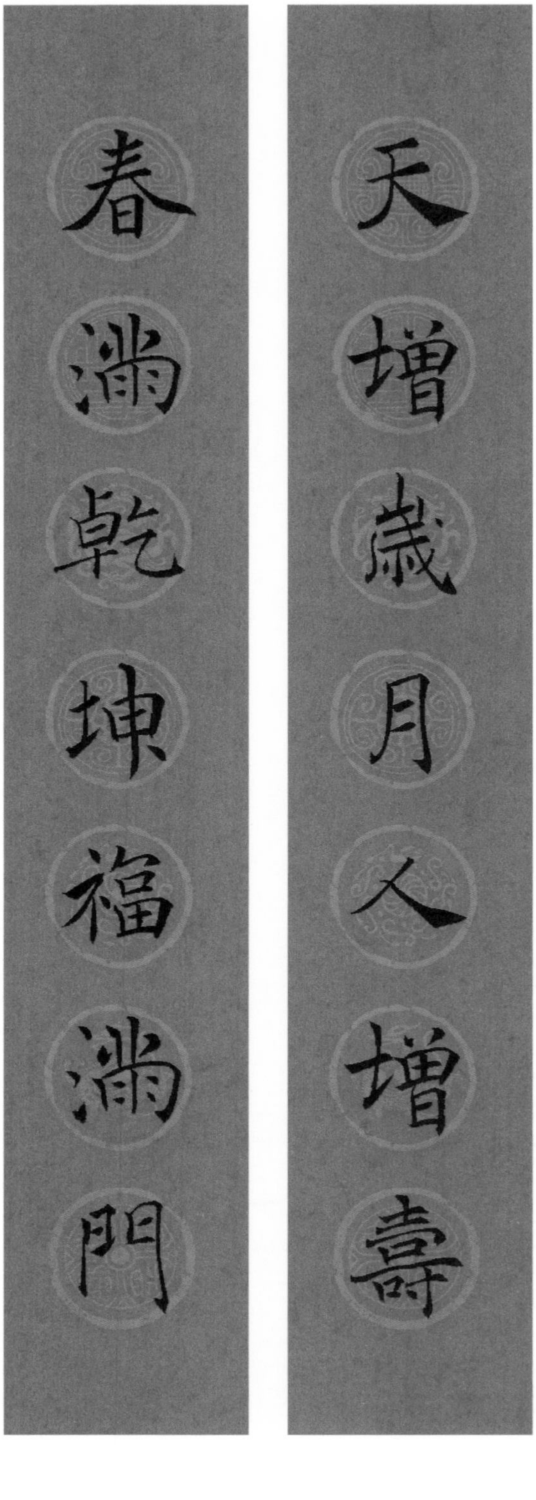

新年吉庆　天增岁月人增寿，春满乾坤福满门

國泰民安

百年天地回元氣

一統山河際太平

国泰民安　百年天地回元气，一统山河际太平

嚮陽門第

一帆風順年年好

萬事如意步步高

向阳门第　一帆风顺年年好，万事如意步步高

百事大吉

全家平安添百福

滿門和順納千祥

百事大吉　全家平安添百福，满门和顺纳千祥

福壽全歸

人壽年豐歌盛世

山歡水笑慶新春

福寿全归　人寿年丰歌盛世，山欢水笑庆新春

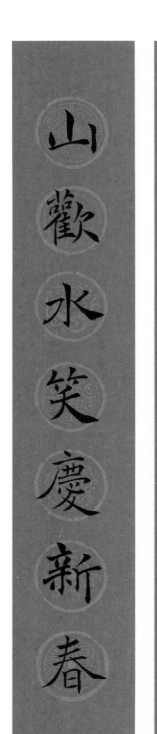

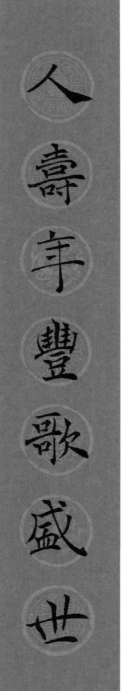

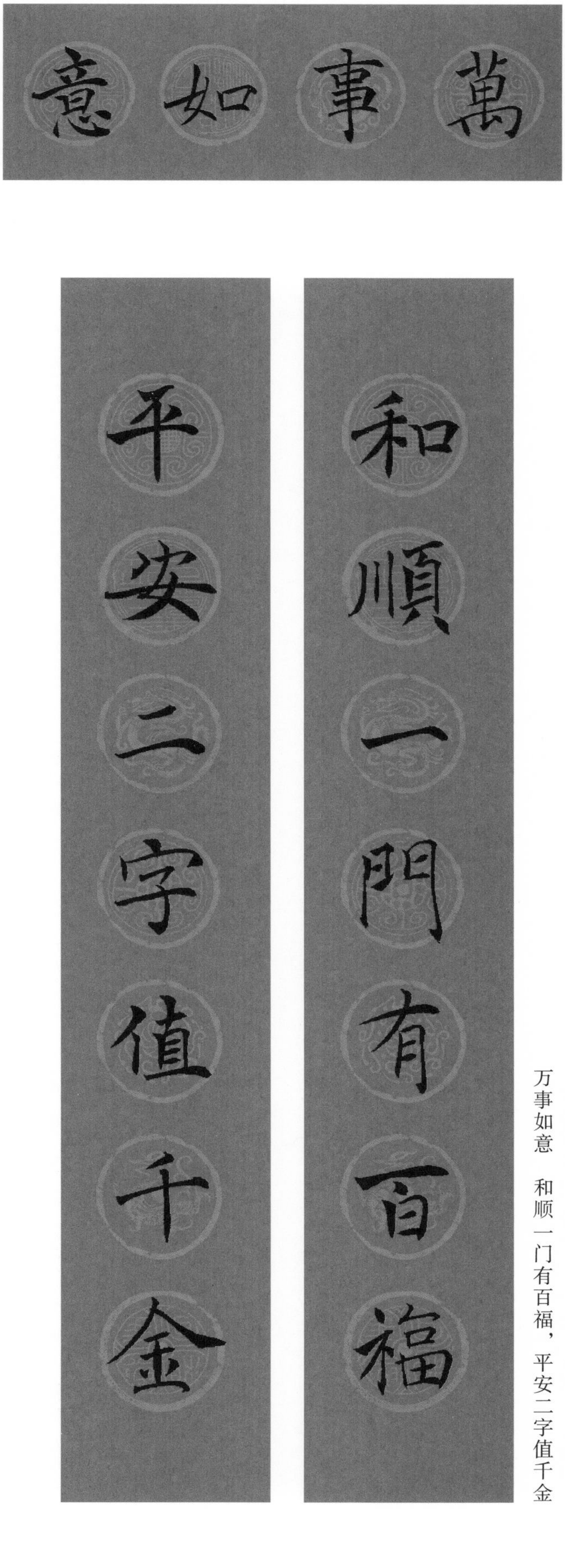

万事如意　和顺一门有百福，平安二字值千金

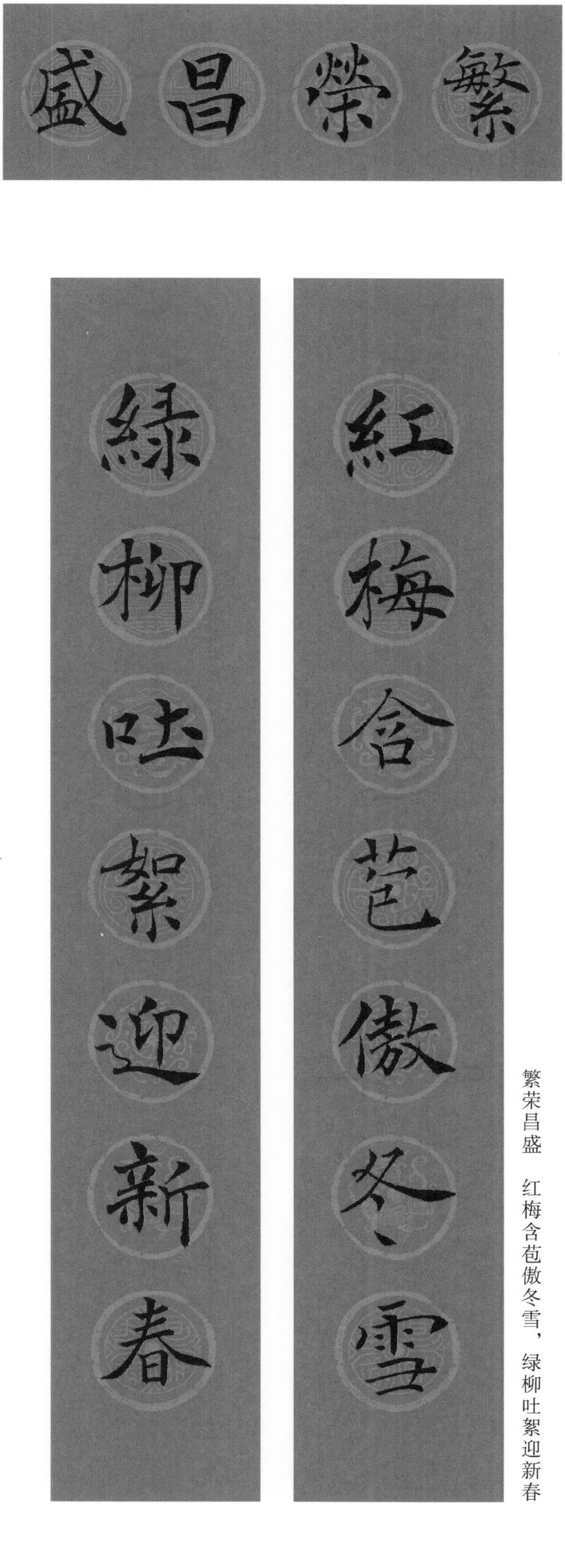

繁荣昌盛　红梅含苞傲冬雪，绿柳吐絮迎新春

政通人和

不知索取祇知奉獻

勿問收獲但問耕耘

政通人和　不知索取只知奉献，勿问收获但问耕耘

歡度春節

春聯對歌民安國泰

喜字成雙花好月圓

欢度春节　春联对歌民安国泰，喜字成双花好月圆

國泰民安

中華崛起山河競秀

民族振興日月爭輝

国泰民安　中华崛起山河竞秀，民族振兴日月争辉

國富民強

迎新春共慶山河壯

過佳節齊歌天地新

国富民强　迎新春共庆山河壮，过佳节齐歌天地新

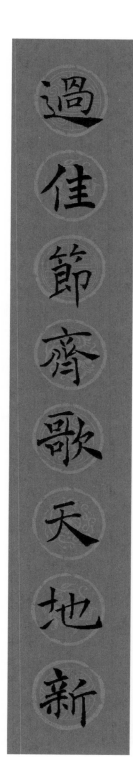

戶納千祥

春節迎春春聯添春色

國人報國國力顯國威

户纳千祥　春节迎春春联添春色，国人报国国力显国威

五福臨門

爆竹響千家人間改歲

宏圖描四化祖國皆春

五福临门　爆竹响千家人间改岁，宏图描四化祖国皆春

生意興隆

生意通四海

財源達三江

招財進寶

九州開泰運

萬福啟春華

生意兴隆　生意通四海，财源达三江

招财进宝　九州开泰运，万福启春华

萬事亨通

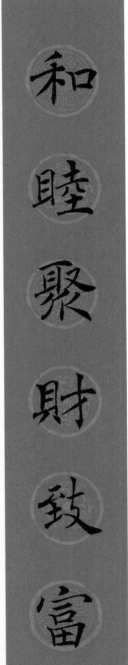

迎春接福

家家恭喜致富

人人慶賀安康

和睦聚財致富

忠厚多福永安

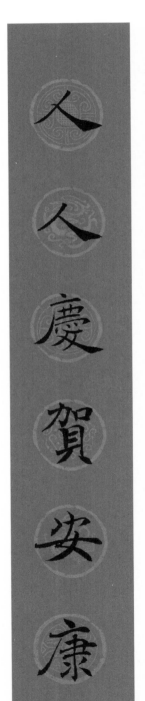

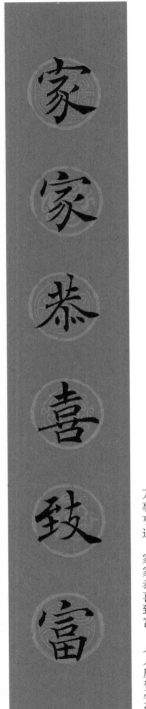

万事亨通　家家恭喜致富，人人庆贺安康

迎春接福　和睦聚财致富，忠厚多福永安

財源廣進

民欣安定團結

國盼繁榮富強

财源广进　民欣安定团结，国盼繁荣富强

吉星高照

日麗風和人樂

國強民富年豐

吉星高照　日丽风和人乐，国强民富年丰

喜氣盈門

新春新景新氣象
多福多財多平安

喜气盈门　新春新景新气象，多福多财多平安

迎春接福

年年順景財源廣
歲歲平安福壽多

迎春接福　年年顺景财源广，岁岁平安福寿多

人歡財旺

福旺財旺運氣旺

家興人興事業興

人欢财旺　福旺财旺运气旺，家兴人兴事业兴

迎春接福

富貴平安財生財

全家和睦福中福

迎春接福　富贵平安财生财，全家和睦福中福

瑞氣臨門

財源滾滾隨春到

喜氣洋洋伴福来

瑞气临门　财源滚滚随春到，喜气洋洋伴福来

福喜盈門

一年四季行好運

八方財寶進家門

福喜盈门　一年四季行好运，八方财宝进家门

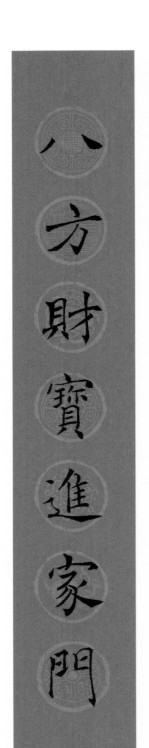

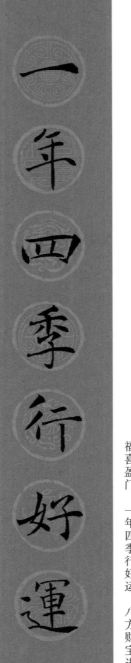

福禧臨門

發財地八方進寶

開福門四季平安

福禧临门　发财地八方进宝，开福门四季平安

勤勞致富

歲通盛世家家富

人遇華年個個歡

勤劳致富　岁通盛世家家富，人遇华年个个欢

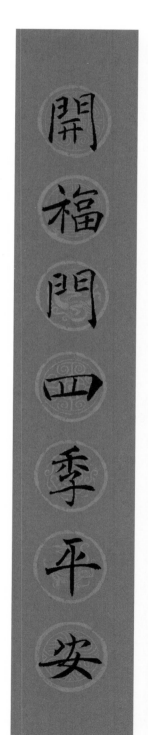

戶納千祥

村村富裕家家歡樂

月月稱心歲歲豐登

户纳千祥　村村富裕家家欢乐，月月称心岁岁丰登

恭喜發財

人傑地靈氣壯四海

物華天寶春盈五湖

恭喜发财　人杰地灵气壮四海，物华天宝春盈五湖

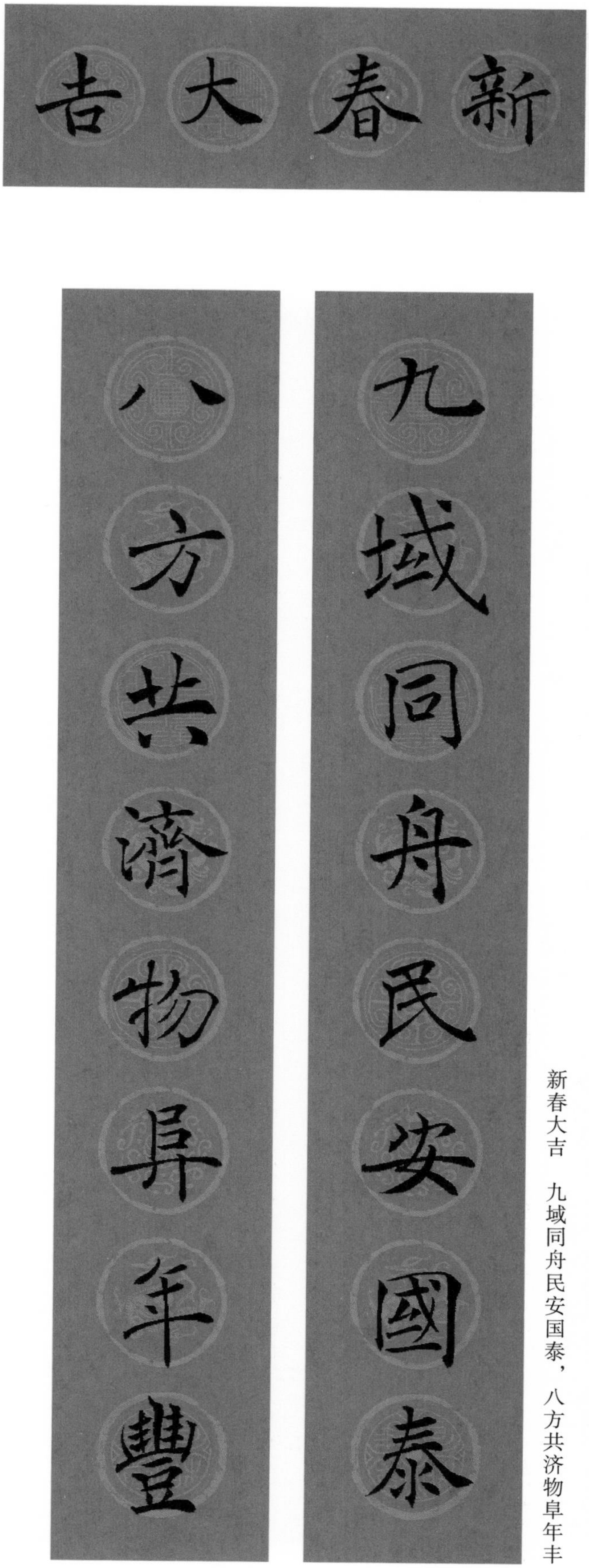
新春大吉
九域同舟民安國泰
八方共濟物阜年豐

新春大吉　九域同舟民安国泰，八方共济物阜年丰

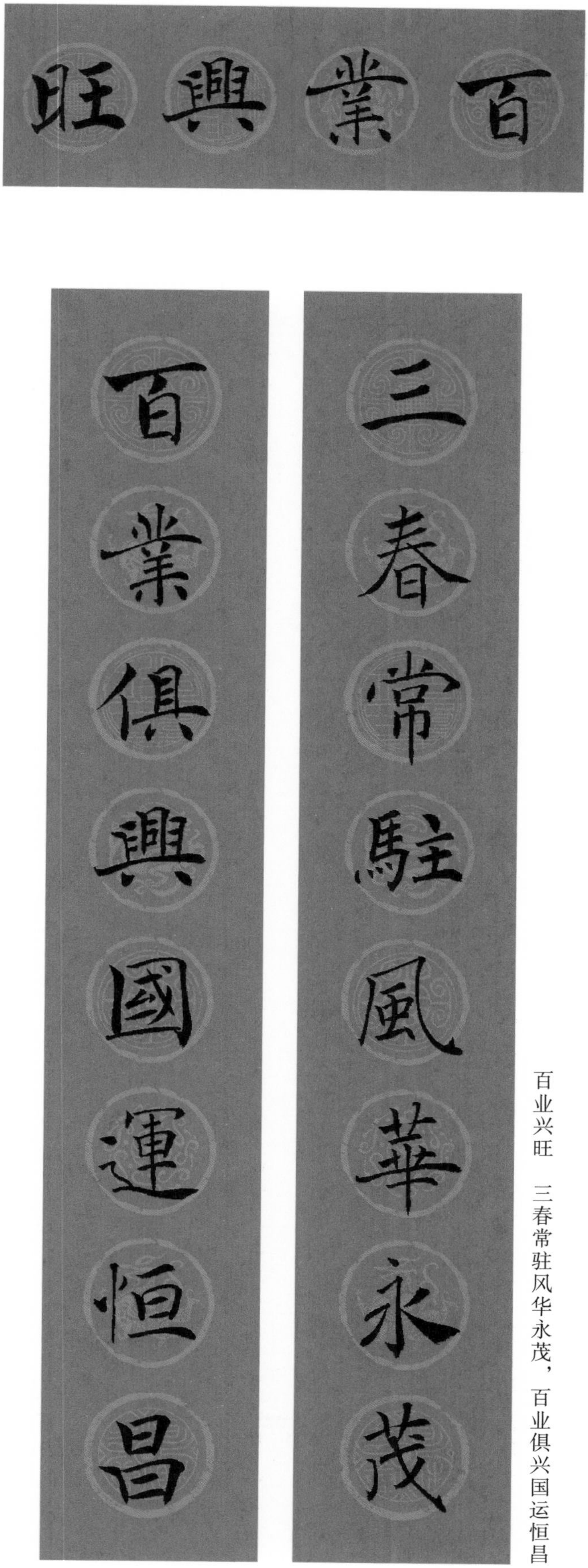
百業興旺
三春常駐風華永茂
百業俱興國運恒昌

百业兴旺　三春常驻风华永茂，百业俱兴国运恒昌

春如人意

國富民樂山河呈瑞氣

政通人和日月耀春暉

春如人意　国富民乐山河呈瑞气，政通人和日月耀春晖

人歡財旺

日麗風和處處春盎盎

國強民富家家樂融融

人欢财旺　日丽风和处处春盎盎，国强民富家家乐融融

瑞氣臨門

黃鶯鳴翠柳

紫燕剪春風

瑞气临门　黄莺鸣翠柳，紫燕剪春风

年華如金

春暉盈大地

正氣滿神州

年华如金　春晖盈大地，正气满神州

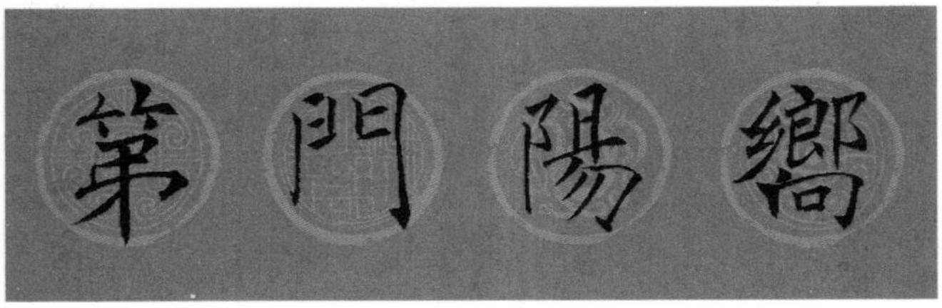

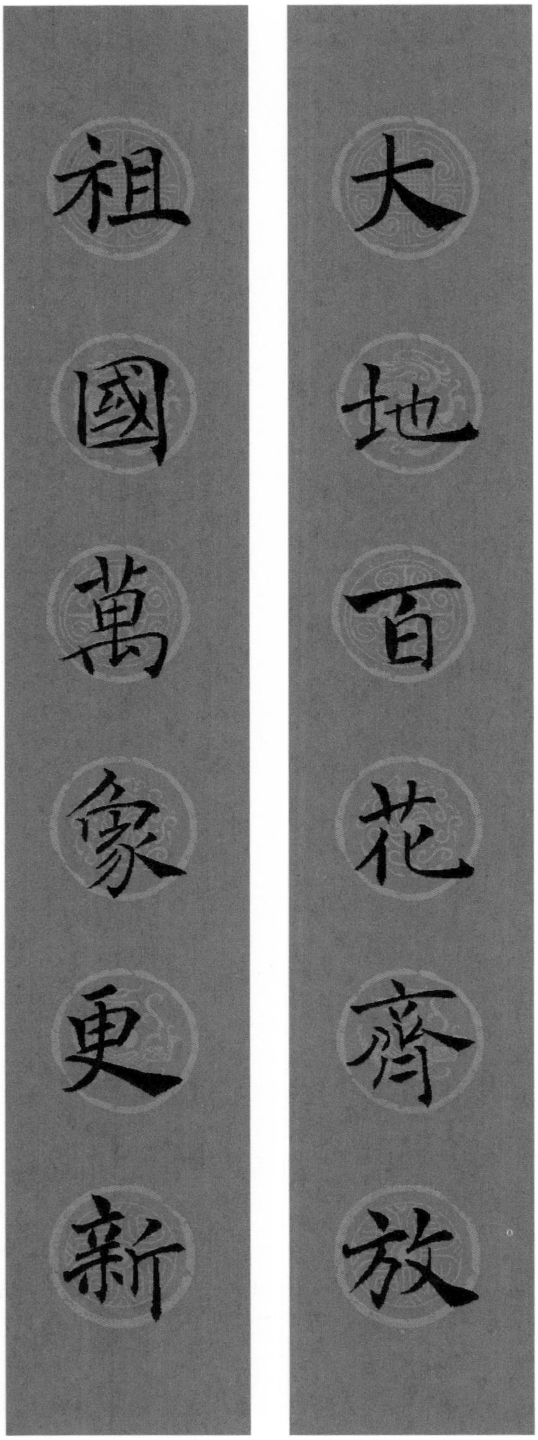

向阳门第　大地百花齐放，祖国万象更新

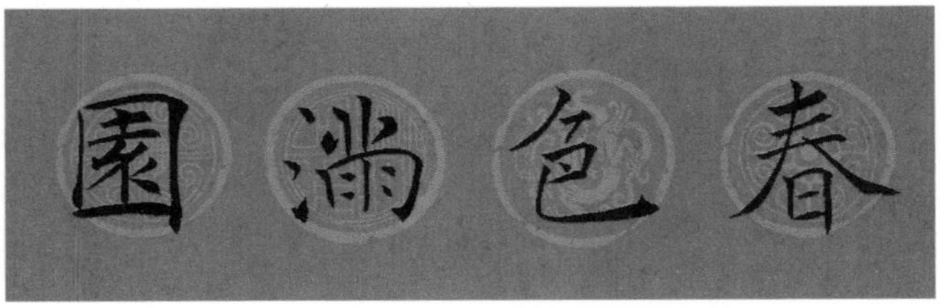

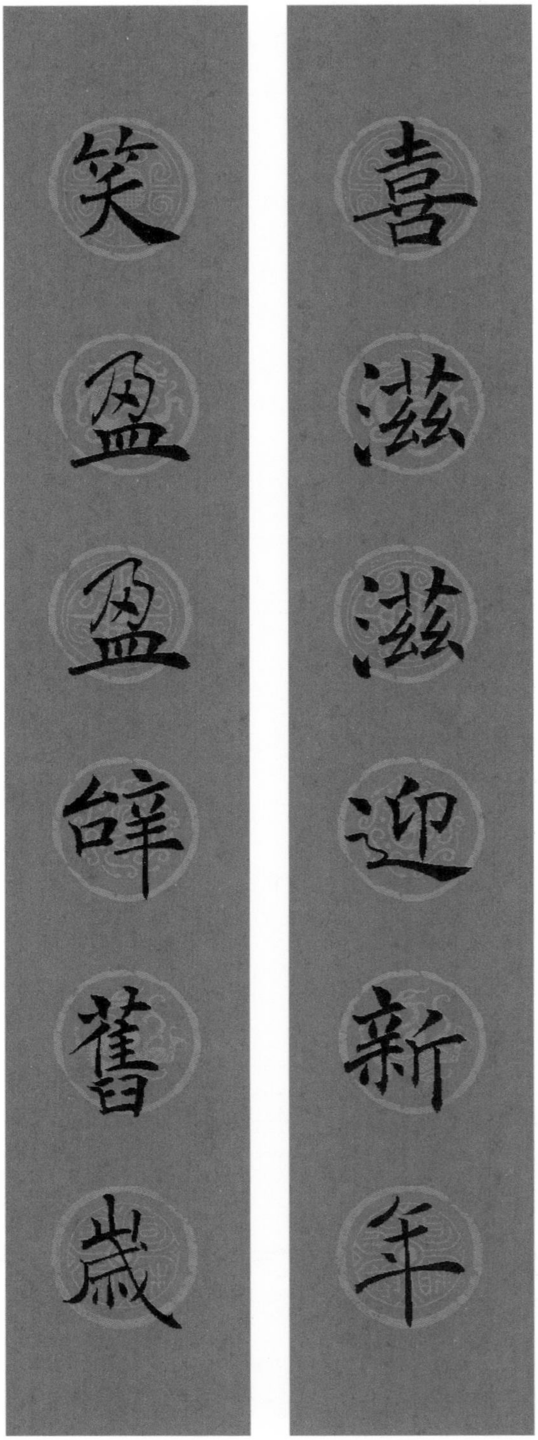

春色满园　喜滋滋迎新年，笑盈盈辞旧岁

三陽開泰

戶戶金花報喜

家家玉燕迎春

三阳开泰　户户金花报喜，家家玉燕迎春

萬象更新

東風吹拂大地

旭日照臨人間

万象更新　东风吹拂大地，旭日照临人间

六合同春

稻菽千重金浪起

春風萬里玉梅開

一門餘慶

百世歲月當代好

千古江山今朝新

六合同春　稻菽千重金浪起，春风万里玉梅开

一门余庆　百世岁月当代好，千古江山今朝新

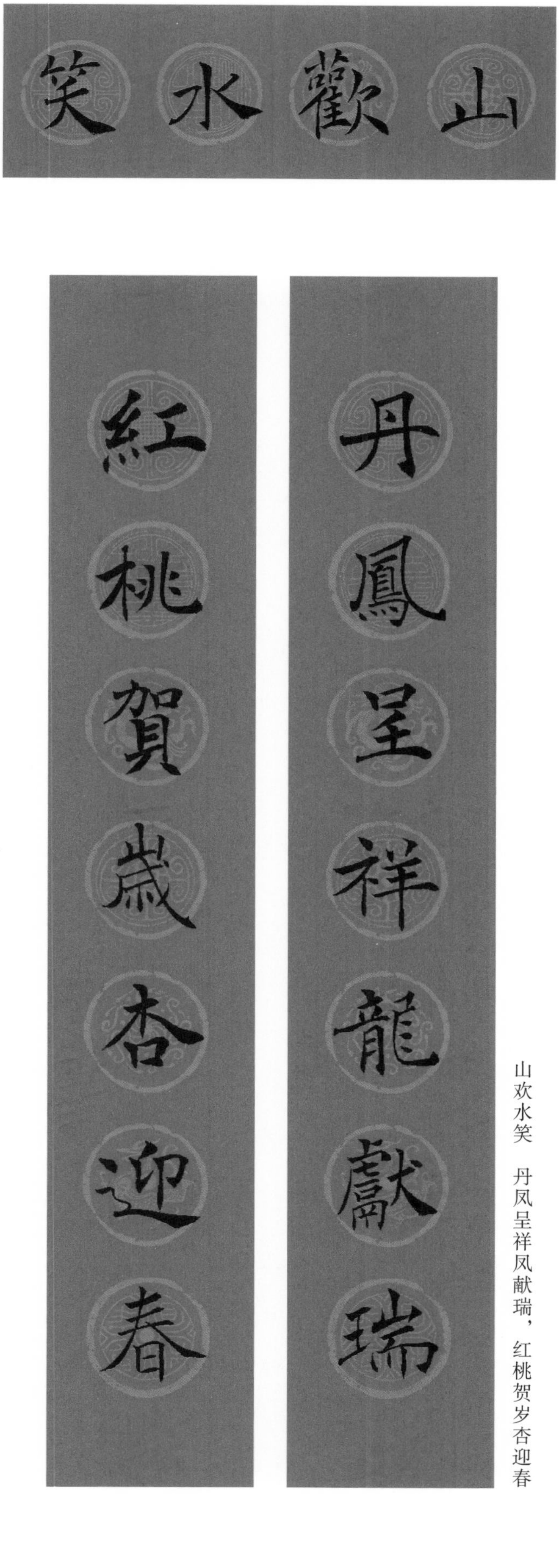

山欢水笑　丹凤呈祥凤献瑞，红桃贺岁杏迎春

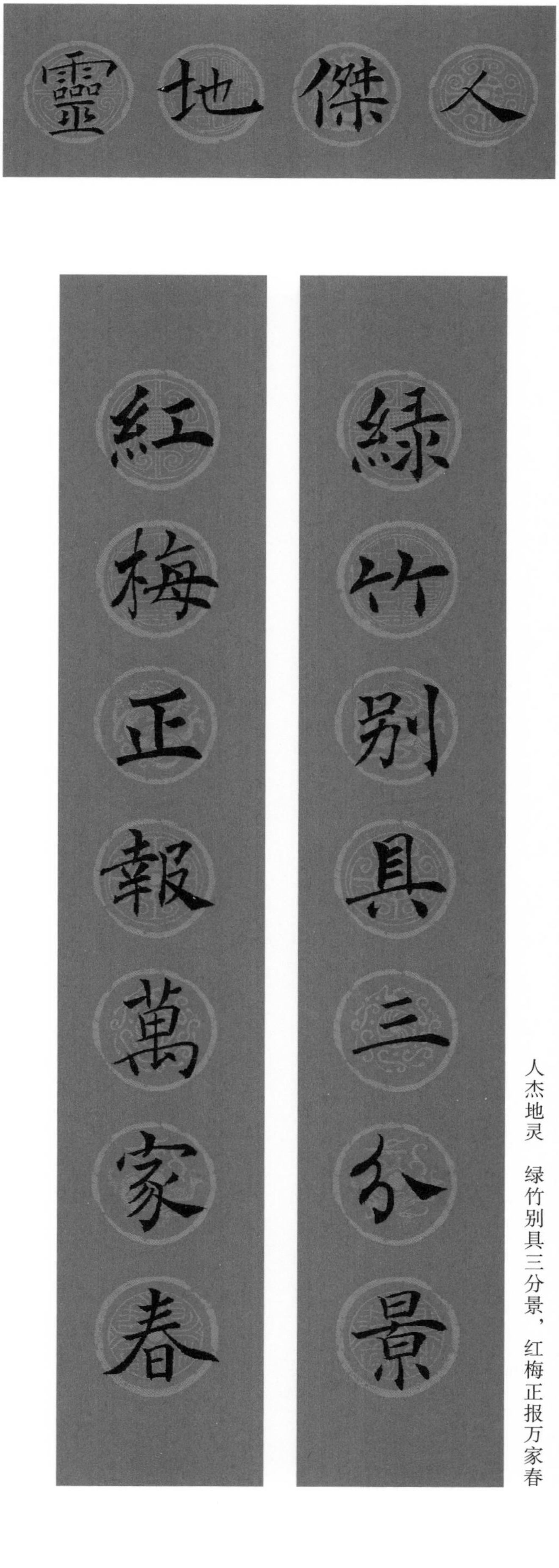

人杰地灵　绿竹别具三分景，红梅正报万家春

春光明媚

五湖四海皆春色

萬水千山盡得輝

春光明媚　五湖四海皆春色，万水千山尽得辉

春風和煦

春回大地千山秀

日暖神州萬物榮

春风和煦　春回大地千山秀，日暖神州万物荣

一門餘慶

紅梅含苞傲冬雪

綠柳吐絮迎新春

一门余庆　红梅含苞傲冬雪，绿柳吐絮迎新春

地沃天祥

春風入喜財入戶

歲月更新福滿門

地沃天祥　春风入喜财入户，岁月更新福满门

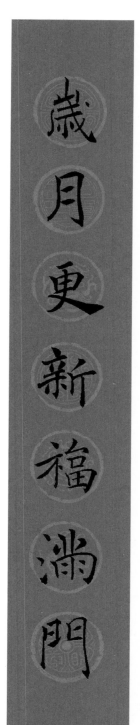

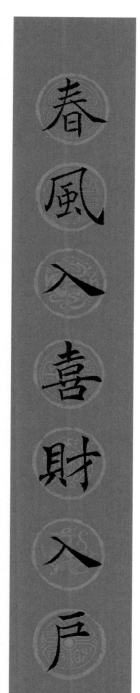

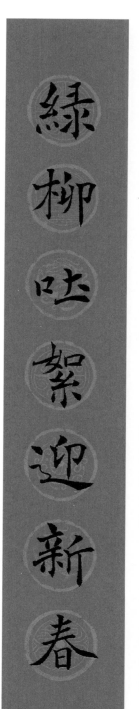

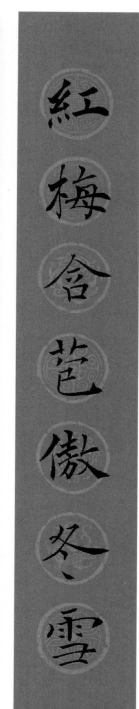

嚮陽門第

瑞雪飛神州多壯麗

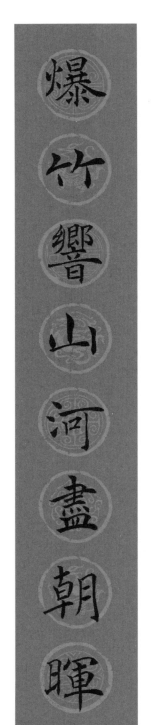

爆竹響山河盡朝暉

向阳门第　瑞雪飞神州多壮丽，爆竹响山河尽朝晖

錦綉春光

玉宇氣清鷹沖霄漢

神州春暖鯉躍龍門

锦绣春光　玉宇气清鹰冲霄汉，神州春暖鲤跃龙门

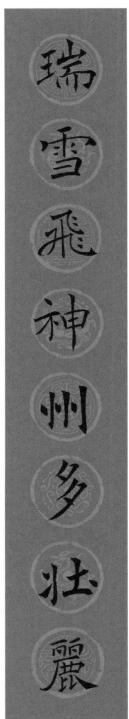

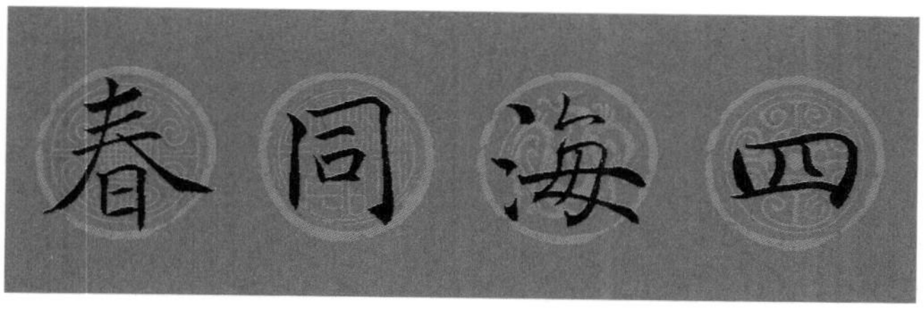

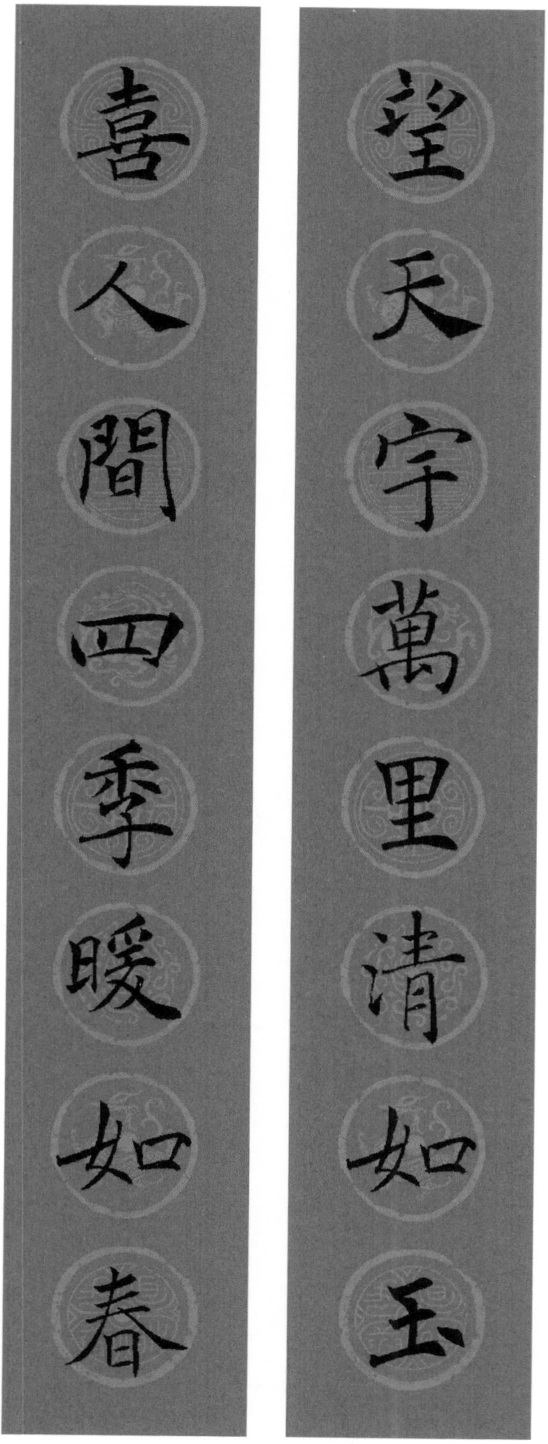

四海同春　望天宇万里清如玉，喜人间四季暖如春

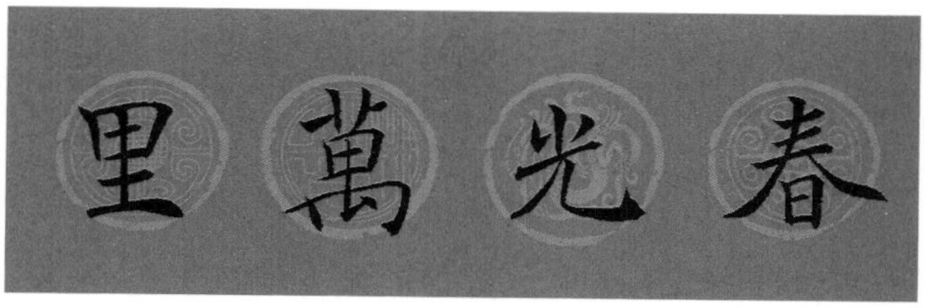

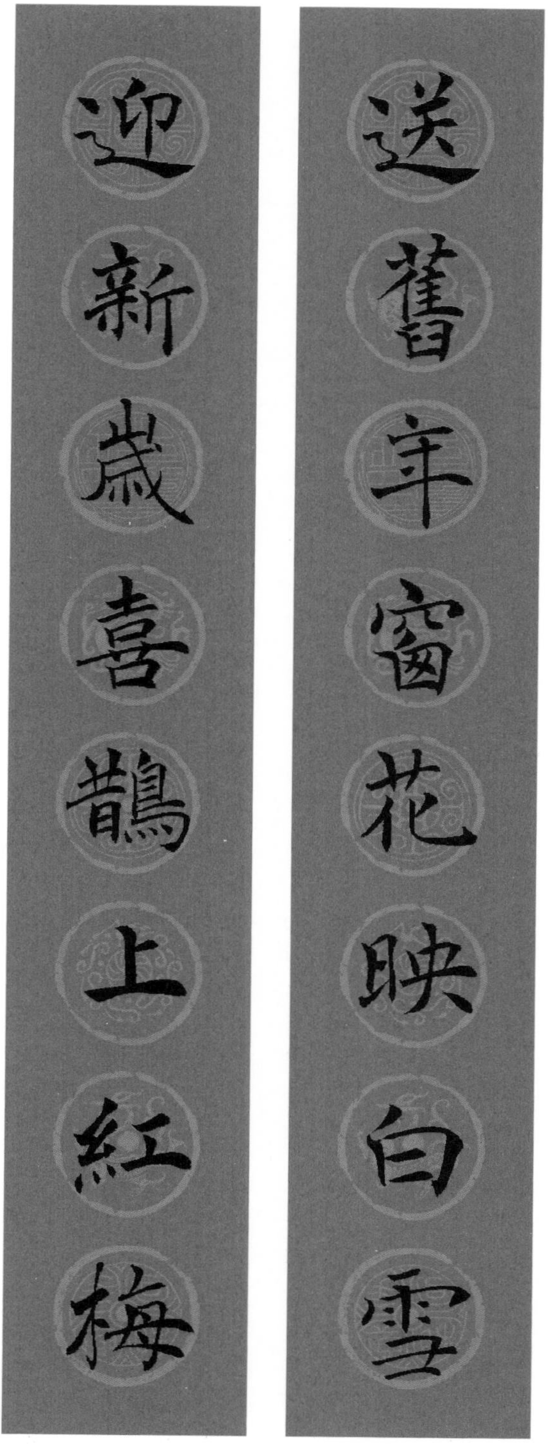

春光万里　送旧年窗花映白雪，迎新岁喜鹊上红梅

佳節長春

明鏡高懸江山千古秀

執法如山花木四時春

佳节长春　明镜高悬江山千古秀，执法如山花木四时春

福樂長春

白雪映紅梅春回大地

凱歌偕麗日福滿人間

福乐长春　白雪映红梅春回大地，凯歌偕丽日福满人间

春華秋實

春花含笑意

爆竹增歡聲

春华秋实　春花含笑意，爆竹增欢声

萬物崢嶸

新年納餘慶

嘉節號長春

万物峥嵘　新年纳余庆，嘉节号长春

福積泰来

四海旌旗映日

五湖戰鼓催春

福积泰来　四海旌旗映日，五湖战鼓催春

皆大歡喜

舊歲悉除舊弊

新春大樹新風

皆大欢喜　旧岁悉除旧弊，新春大树新风

瑞氣臨門

共慶春回大地

同歌喜到人間

瑞气临门　共庆春回大地，同歌喜到人间

人壽年豐

冬去山明水秀

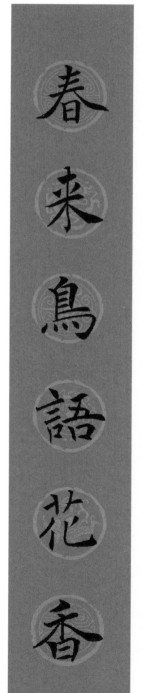

春来鳥語花香

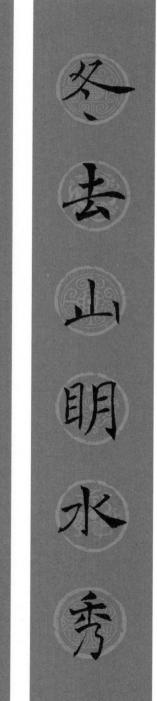

人寿年丰　冬去山明水秀，春来鸟语花香

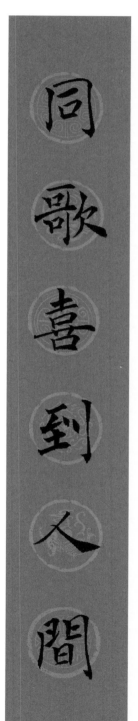

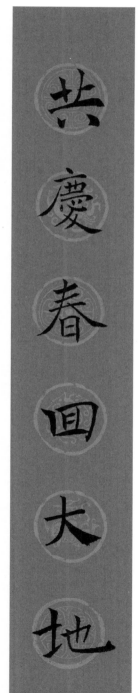

福樂長春

福星高照全家福

春光耀輝滿堂春

福乐长春　福星高照全家福，春光耀辉满堂春

春暖大地

迎新春江山錦綉

辭舊歲事泰輝煌

春暖大地　迎新春江山锦绣，辞旧岁事泰辉煌

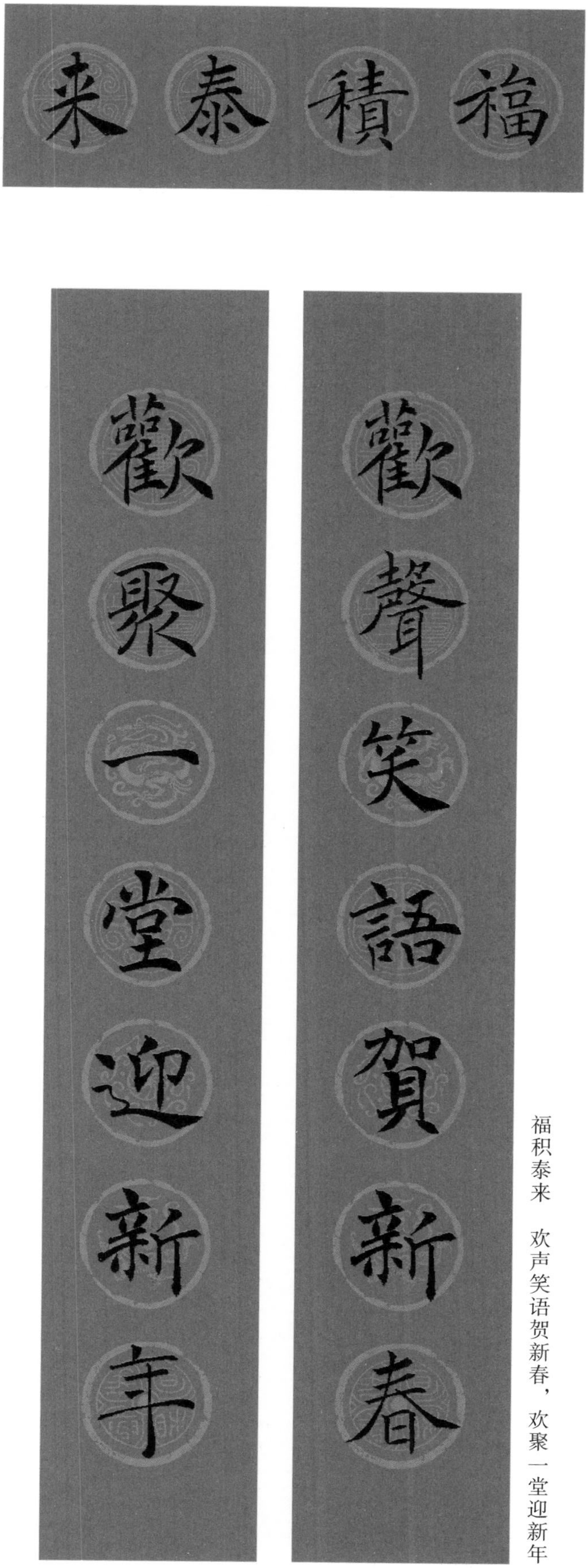

福积泰来　欢声笑语贺新春，欢聚一堂迎新年

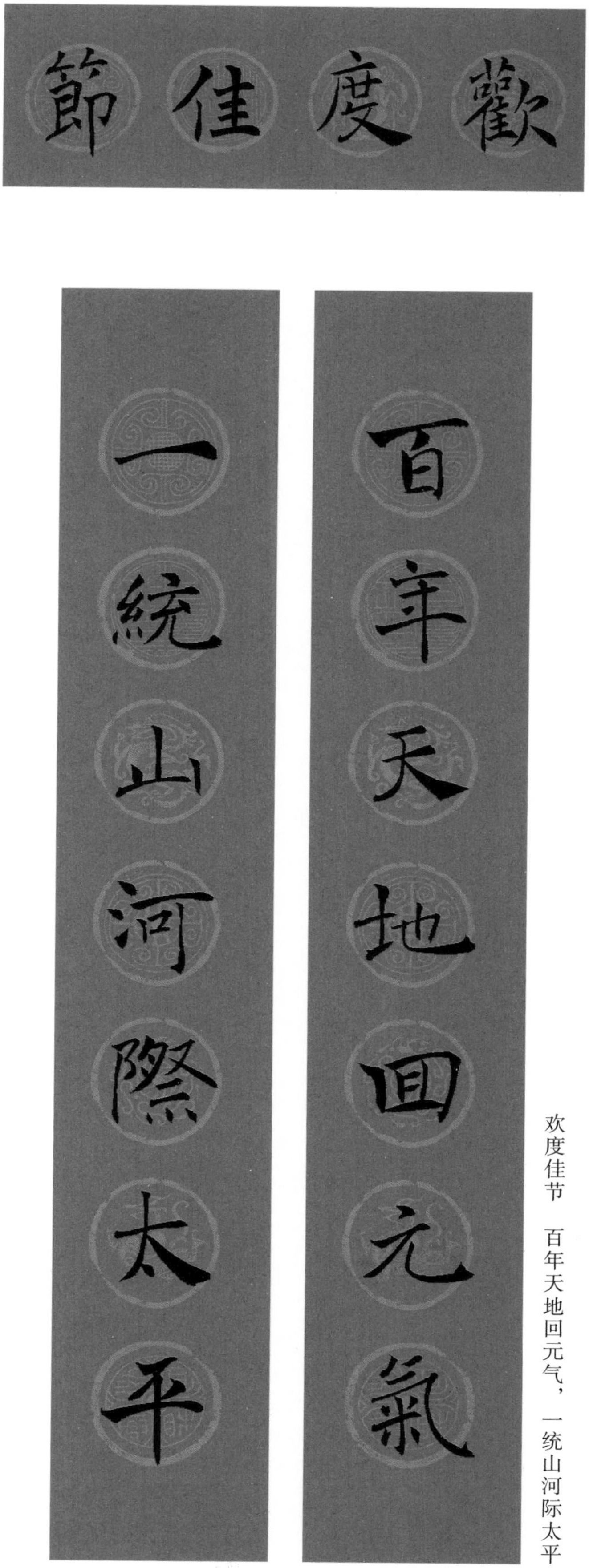

欢度佳节　百年天地回元气，一统山河际太平

春風和煦

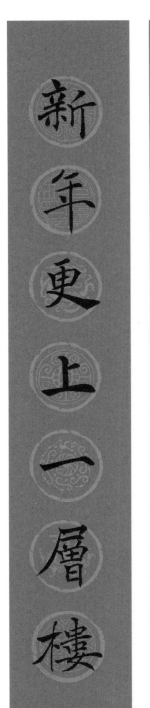

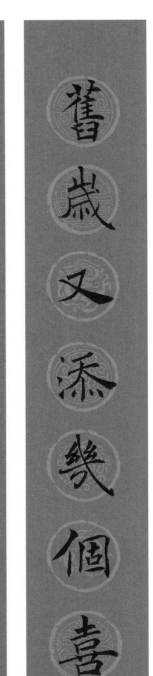

舊歲又添幾個喜

新年更上一層樓

春风和煦　旧岁又添几个喜，新年更上一层楼

時和歲好

春臨大地百花艷

節至人間萬象新

时和岁好　春临大地百花艳，节至人间万象新

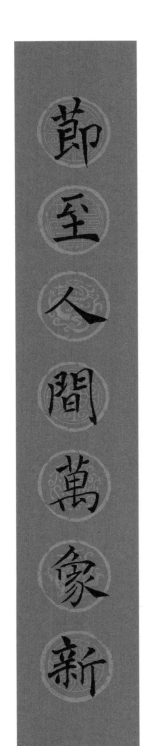

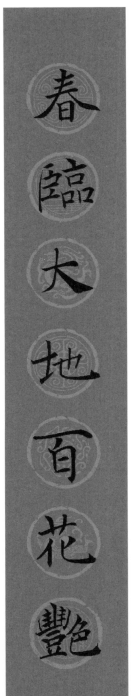

五福臨門

金玉滿堂春常在

洪福齊天日永明

五福临门　金玉满堂春常在，洪福齐天日永明

萬物崢嶸

國呈盛事隨春報

梅映祥光賀歲開

万物峥嵘　国呈盛事随春报，梅映祥光贺岁开

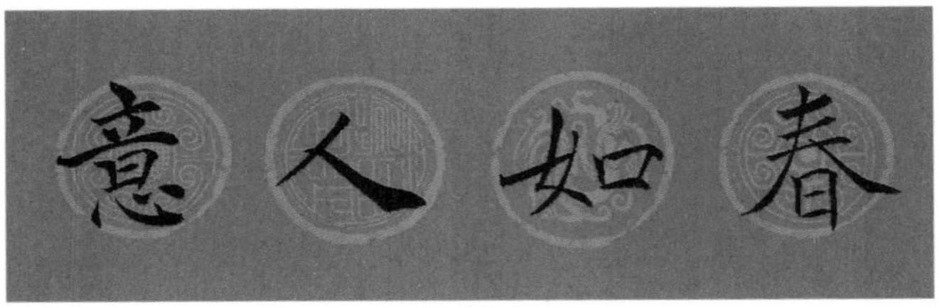

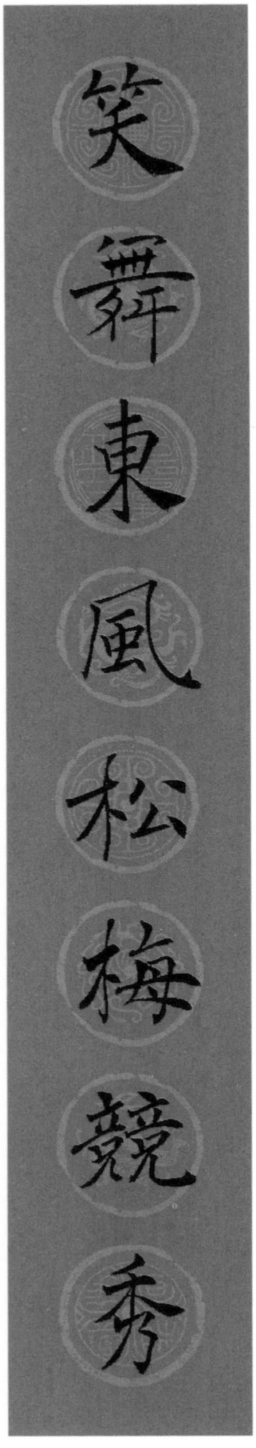

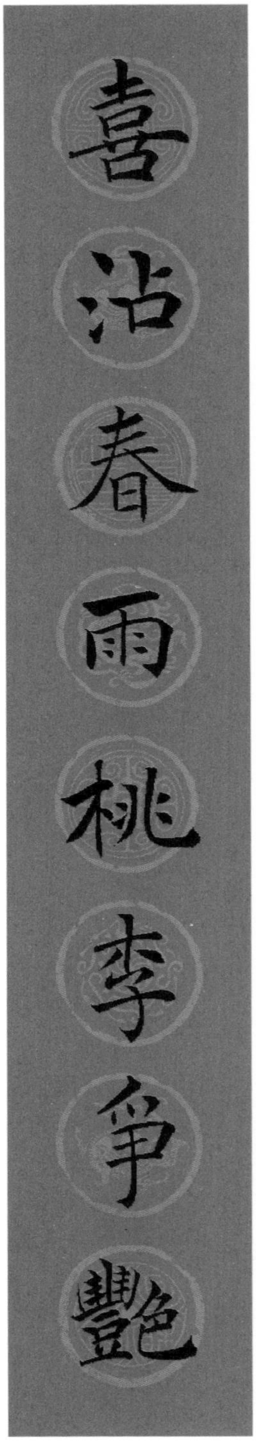

春如人意　笑舞东风松梅竞秀，喜沾春雨桃李争艳

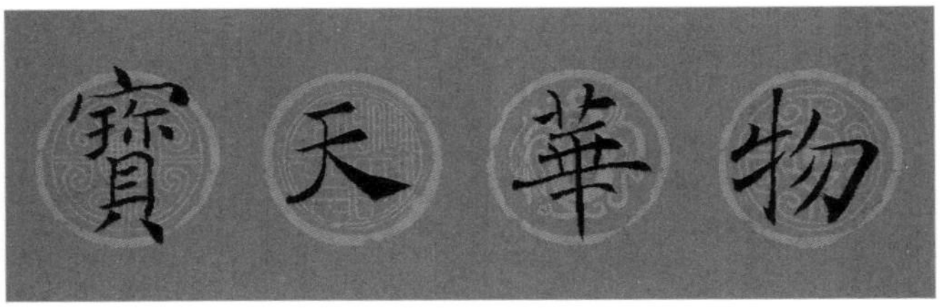

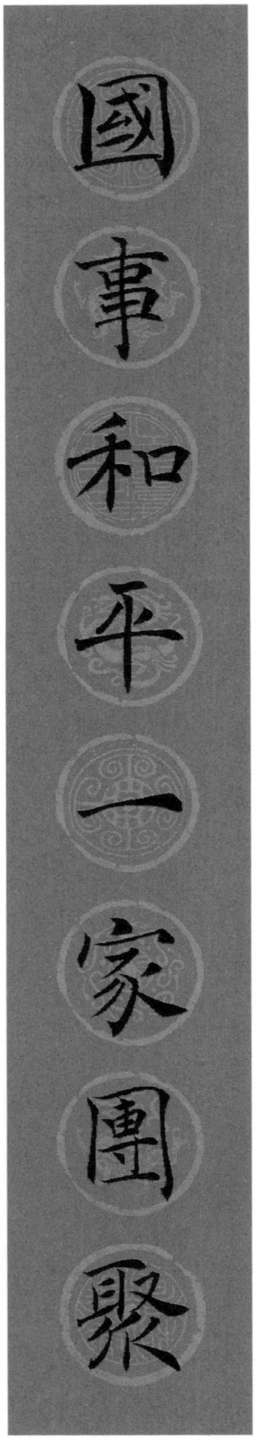

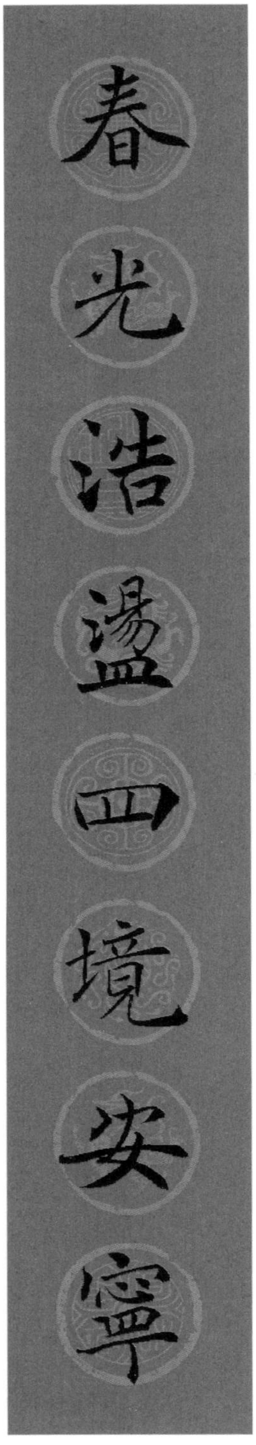

物华天宝　国事和平一家团聚，春光浩荡四境安宁

五福臨門

萬戶春風禮陶樂淑

三陽景運人壽年豐

五福临门　万户春风礼陶乐淑，三阳景运人寿年丰

大展宏圖

物阜年豐春臨大地

山歡水笑氣貫長虹

大展宏图　物阜年丰春临大地，山欢水笑气贯长虹

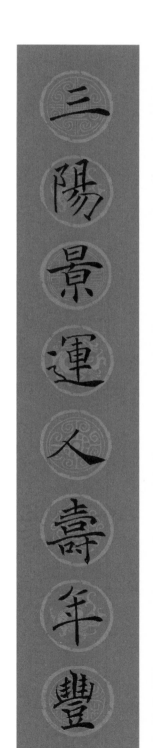

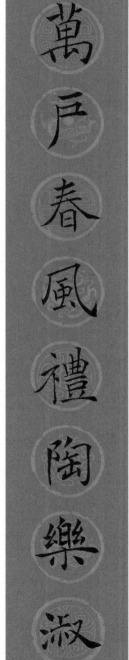

一門餘慶

爆竹三兩聲人間是歲

梅花四五點天下皆春

一门余庆　爆竹三两声人间是岁，梅花四五点天下皆春

迎春接福

人與物皆春陽和發育

道隨時共泰景象昭融

迎春接福　人与物皆春阳和发育，道随时共泰景象昭融

附录　书法通用对联

祝寿对联

愿献南山寿　先开北斗樽
紫气通南极　青云动北莱
福临寿星门第　春驻年迈人家
汉柏秦松骨气　商彝夏鼎精神
乃文乃武乃寿　如竹如梅如松
笑指南山作颂　喜倾北海为樽
紫气辉连南极　丹心彩映北楼
白发朱颜登上寿　丰衣足食享高龄
百年和合寿星聚　千载富贵福光满
柏节松心宜晚翠　童颜鹤发胜当年
碧露新滋三春草　紫云长护九如松
碧桃岁结三千实　紫凤朝衔五色笺
春日融和欣祝寿　吉星光耀喜迎春
大鹏鸟飞九万里　蟠桃子熟三千年
丹室晓传香鸟宇　瑶池时进白云霞
东壁离文才吐凤　南山献颂昔流琼
东海白鹤千秋寿　南岭青松万载春
风高渐展摩天翼　山翠遥添献寿杯
德如膏雨都润泽　寿比松柏是长春
海屋仙筹添鹤算　华堂春酒宴蟠桃
琥珀盏斟千岁酒　琉璃瓶插四时花
既效关卿不伏老　更同孟德有雄心
岭上梅花报春早　庭前椿树护芳龄
龙门泉石番山月　蓬岛烟霞阆苑春
南州冠冕此其选　上古千秋可与侍
三祝筵开歌寿考　九如诗颂乐嘉宾
身似西方无量佛　寿比南岳老人星
室有芝兰春自韵　人如松柏岁常新
寿考维祺征大德　文明有道享高年
四百岂惟知甲子　八千应复数春秋
天上星辰应作伴　人间松柏不知年
仙家日月壶公酒　名士风流太传诗
霄汉鹏程腾九万　锦堂鹤算颂三千
杏花雨润韶华丽　椿树云深淑景长
瑶台牒注长生字　蓬岛春开富贵花
芝兰气味松筠操　龙马精神海鹤姿
朱颜醉映丹枫色　华发疏同老鹤形

乔迁对联

人杰地灵有福　物华天宝呈祥
甲第新开美景　子孙大展宏图
小院更新承德政　合家祝福话天伦
四合宅院花馨满　五德人家笑语喧
民重农桑能富国　光增新第喜齐家
燕过重门留好语　莺迁乔木报佳音
基实奠定千秋业　柱正撑起万年梁
里有仁风春意永　家余德泽福运长
移门欲就山当枕　迁居常将水作琴
旭日乍临家室乐　和风初度物华新
莺声到此鸣金谷　麟趾于今步玉堂
日照新居添锦绣　花栽园圃吐芬芳
日丽风和锦铺院　冬暖夏爽笑满堂
向阳庭院风光好　勤劳人家幸福多
画栋连云光旧业　华堂映日耀新居
三阳日照平安宅　五福星临吉庆门
门迎春夏秋冬福　户纳东西南北祥
红日高照新居户　喜花常开幸福家
迁居新逢吉祥日　安宅正遇如意春
门对青山千古看　家居旺地四时新
乔第喜迁新气象　换门不改旧家风
居卜风和仁是里　堂开景聚德为邻
地久天长门有喜　年丰人寿福无边
有福有寿勤俭户　无虑无忧康乐家
庆乔迁合家皆禧　居新宅世代永安
地无寒舍春常在　居有芳邻德不孤
居之安四时吉庆　平为福八节康宁
仁里莺迁崇四美　新居燕喜庆三春
新屋落成逢新岁　春风送暖发春华
近水楼台先得月　向阳花木早逢春
春风杨柳鸣金屋　晴雪梅花照玉堂
春风丽日开画栋　绿柳红花掩门庭
春风堂上新来燕　香雨庭前初种花
门前绿水声声笑　屋后青山步步春
燕筑新巢春正暖　莺迁乔木日初长
宛转莺歌金谷晓　呢喃燕语玉堂春
里有仁风春日永　家余德泽福星明

嫁娶对联

云恋妆台晓　花迎宝扇开
芝兰茂千载　琴瑟乐百年
并蒂花开四季　比翼鸟伴百年
何必门当户对　但求道合志同
佳偶百年欣遇　知音千里相逢
槛外红梅竞放　檐前紫燕双飞
良日良辰良偶　佳男佳女佳缘
同德同心同志　知寒知暖知音
喜共花容月色　何分秋夜春宵
喜迎亲朋贵客　欣接伉俪佳人
爱貌爱才尤爱志　知人知面更知心
爱情花常开不谢　幸福泉源远流长
百年恩爱双心结　千里姻缘一线牵
百事开怀百事咏　两心相重两心知
百子帐开留半臂　千丝缕细结同心
杯交玉液飞鹦鹉　乐奏瑶池舞凤凰
比飞却似关雎鸟　并蒂常开连理枝
笔墨今宵光更艳　梨花带雨晚尤香
并蒂花开致富路　连心果结文明家
并肩同步长征路　齐心共谱幸福歌
彩笔喜题红叶句　华堂欣诵爱情诗
彩烛双辉欢合卺　清歌一曲咏宜家
长天欢翔比翼鸟　大地喜结连理枝
春风春雨春常在　喜日喜人喜事多
春光映院花容艳　喜气满堂人意和
春花绣出鸳鸯谱　明月香斟琥珀杯
春临大地迎新岁　喜到人间贺佳期
春露滋培连理树　春风吹放合欢花
蝶趁好花欣结伴　人舞盛世喜成亲
红桃宜插新人鬓　翠柳巧成同心结
红杏枝头春意满　彩门楼下玉箫清
花好月圆欣喜日　桃红柳绿幸福时
花开宝镜祥云霭　乐奏琼箫彩凤来
佳儿佳女成佳偶　春日春人舞春风
伉俪并鸿光竞美　生活与岁序更新
乐新春丰年宴客　庆喜日盛世联姻
秦晋联姻春意闹　凤凰比翼彩虹飞

图书在版编目（CIP）数据

褚遂良楷书集字春联 / 罗锡清编著. — 杭州 : 浙江人民美术出版社, 2021.8（2024.1重印）
（经典碑帖实用集字春联 / 罗锡清）
ISBN 978-7-5340-8830-8

Ⅰ. ①褚… Ⅱ. ①罗… Ⅲ. ①楷书—碑帖—中国—唐代 Ⅳ. ①J292.24

中国版本图书馆CIP数据核字(2021)第096107号

集　　字：孙嘉鸿
责任编辑：褚潮歌
责任校对：余雅汝
责任印制：陈柏荣

经典碑帖实用集字春联
褚遂良楷书集字春联

罗锡清 / 编著

出版发行：浙江人民美术出版社
（杭州市体育场路347号）
经　　销：全国各地新华书店
制　　版：杭州真凯文化艺术有限公司
印　　刷：浙江兴发印务有限公司
版　　次：2021年8月第1版
印　　次：2024年1月第3次印刷
开　　本：889mm × 1194mm　1/16
印　　张：4.25
字　　数：40千字
书　　号：ISBN 978-7-5340-8830-8
定　　价：25.00元